シリーズ 職業とライフスタイル *2*

現代の企業組織と人間

時井 聰・田島 博実 編著

学文社

執筆者

*時井　　聰　淑徳大学　(第1章)
*田島　博実　雇用職業研究センター　(第2, 3, 8章)
　牛島　　仁　ディー・エイチ・エル・ジャパン　(第4章)
　菅野　雅子　マネジメント・デザインズ　(第5章)
　高橋　敏夫　元ソニー　(第6章)
　野口　恭平　日産自動車　(第7章)
　中曽根高志　フジテレビ　(第9章)
　小島　啓克　ニチイ学館　(第10章)
　手計　将美　情報サービス産業協会　(第11章)

(執筆順，*は編者)

はしがき

　2008年9月のアメリカにおけるサブプライム問題を発端に，全世界的に金融市場の動揺と経済状況の悪化が広がっている．こうした金融不安，実体経済への影響，政治の先行き不透明感を背景に，昨今の就職環境は就職氷河期の再来といわれ，企業も採用人数を絞らざるを得なくなってきている．そのような時，企業が望む「優秀な人材」を育成することが大学教育の重要な使命の一つとなっている．

　大学における就業前教育プログラムは，従来に比べなお一層学生諸君の就職活動のサポートとしてその重要性を増してきている．就業前教育に求められるものは，卒業後企業組織での仕事にチャレンジしていく基本的な視点，能力，知識，また現代企業人として社会に貢献していくための基礎的かつ実践的な態度の修得であり，企業人としての自己実現への動機付けを身につけることである．こうした教育内容を狙いとして，今から5年程前に，われわれ編者の他，学外の複数の人事等の役員および第一線級担当者，そして実務に詳しい研究者の方によるオムニバス形式の講義を開講した．この度ようやくその就業前教育プログラムの内容を，各講義担当者の力を結集し一冊の文献としてまとめることができた．

　本書の構成は，〈第Ⅰ部　概説編〉と〈第Ⅱ部　事例編〉の2部構成でまとめられている．〈第Ⅰ部　概説編〉は，現代の企業組織とそこでの労働という活動を理解する上で必要とされる，理論的フレームワークや歴史的な前提について解説している．この第Ⅰ部でとくに留意した点をあげると，まず，労働（働くこと）と企業組織をとらえる視点を示すことである．これは，本書のタイトルでもある「企業組織と人間」について考えるための基礎やヒントとなるものである．次に，そうした労働（働くこと）と企業組織をとらえる際に必要な，経済社会環境や歴史的変化を理解する視点を示している．現在の労働問題や企

業組織を理解しようとすれば，現在の経済社会環境の中での位置づけをふまえつつ，過去の姿と比較するという歴史的パースペクティブをもってこそ，現在のありようを立体的に理解することができるだろう．さらに，企業の人的資源管理（human resources management）と勤労者のキャリア（職業人生）を理解する視点を提示することを重視している．これは，経済社会環境および企業組織の変化の中で，勤労者が自分自身の働き方の進路を設計していくこと――いわゆるキャリアデザイン――のために必要とされる視点である．

〈第Ⅱ部 事例編〉は，各産業分野の代表的な企業について，現在の企業活動や人的資源管理の事例紹介というかたちでまとめている．

この第Ⅱ部は本書の大きな特徴となっており，先に述べたように各企業（または業界団体）の事業活動の第一線で活躍している（またはしてきた）方々に執筆をお引き受けいただき，そうした執筆陣ならではの臨場感にあふれた内容となっている．個々の章の構成は，①業界全体の近年の業績の推移，②企業の事業展開と経営課題，③人材の採用方法と求める人材像（新卒正社員を中心に），④人的資源管理や従業員支援の工夫，という4項目を基本としている．

社会状況の変化，特に経済状況の予想を超える変動により一部の論稿の提出が大幅に遅れることになり，編集作業が滞ってしまった．先にご脱稿いただいた皆様には大変ご迷惑をおかけすることになり，誠に申し訳なく，深くお詫び申し上げる次第である．

最後に，本書が難産の末，世に出ることが可能となったのもひとえに，学文社の田中社長の暖かいご支援と叱咤激励があったからこそと思う．ここに心より感謝申し上げる．

2009年9月

編　者

目　次

第Ⅰ部　概説編

第1章　労働とは何か ────────────────────────── 2
　1．働く目的とは何か ──────────────────────── 2
　2．働く事の本質・意義とは何か ──────────────── 6
　　(1)労働について考える……6／(2)職業について考える……10
　3．労働にみられる疎外とその変容 ─────────────── 12
　4．現代社会における労働 ────────────────── 14
　　(1)労働の意義とは……16／(2)現代社会における労働の意義の再認識
　　……19

第2章　経済社会の変動と雇用システム ───────────── 23
　1．産業社会の変動と日本の経済成長 ─────────────── 23
　　(1)現代の社会変動の意味──ドラッカーの「断絶の時代」……23／
　　(2)日本の経済成長と社会変動──高度経済成長期以降の展開……25
　2．産業構造・職業構造の変化とその意味 ─────────── 29
　　(1)就業者の働き方（従業上の地位）の変化……29／(2)就業者の産業分
　　野の変化……30／(3)就業者の職業分野の変化……32
　3．日本型雇用システムの形成・普及・変容 ─────────── 34
　　(1)日本型雇用システムの原型……34／(2)企業（職場）コミュニティの
　　変容と再生……35／(3)長期雇用の動向……37／(4)処遇・報酬制度の変
　　化──脱年功への展開……39
　4．まとめ ─────────────────────── 41

第3章　現代企業の組織改革 —————————————— 45

1．組織問題をとらえるフレームワーク——官僚制組織論 ———— 45
(1)ウェーバーの官僚制論……46 ／ (2)官僚制の機能と逆機能……47

2．日本企業における組織問題 ————————————————— 50
(1)日本企業の近代化と組織の発展……50 ／ (2)日本企業における組織問題……51 ／ (3)日本企業の組織問題への対応……52

3．組織改革（1）組織のフラット化 ————————————— 54
(1)組織改革の背景……54 ／ (2)組織改革の目的……55 ／ (3)組織改革の内容……55 ／ (4)その後の組織改革の展開……58

4．組織改革（2）プロジェクト・チームの活用 ——————— 59
(1)組織改革の背景……59 ／ (2)組織に対する考え方……60 ／ (3)組織改革の取り組み：プロジェクト・チームの活用……61 ／ (4)変化に対応する組織づくり……62

5．まとめ ————————————————————————————— 63

第4章　企業と人材評価 ———————————————————— 67

1．人材評価の目的 ——————————————————————— 68
(1)報酬決定のための人材評価……68 ／ (2)人材配置（採用・異動・昇進昇格）のための人材評価……68 ／ (3)能力開発のための人材評価……70

2．人事考課の形態およびその具体的な手法 ————————— 70
(1)要素別評定法（category rating methods）……71 ／ (2)比較法（comparative methods）……72 ／ (3)論述法（narrative methods）……73 ／ (4)現在多くの企業で使用されている手法・尺度……73

3．人事考課における課題 ——————————————————— 75
(1)成果定義：何を成果とみなすのか……75 ／ (2)統制不可な環境設定をどうみるのか……77 ／ (3)絶対評価と相対評価のどちらを使うのか……78 ／ (4)考課者の評定誤差をどうするのか……80

4．経営環境や時代の変化と人材評価 ————————————— 81
(1)能力のとらえ方の変化：職能資格制度における保有能力……82 ／ (2)

能力のとらえ方の変化：コンピテンシーにおける発揮能力……82
　5．人材評価の今後：より良い評価には何が必要か ──────────84
　　　(1)人材評価の成功のためには？……85／(2)評価制度で陥りがちな失敗とは……86

第5章　女性の働き方と職業キャリア ──────────────89
　1．女性の職業キャリアを考える視点 ────────────────89
　　　(1)女性の職業キャリアに対する意識の変化……89／(2)依然として残るM字型カーブ……90／(3)女性の職業キャリアの継続を促す要素……91
　2．企業における男女格差の状況 ──────────────────92
　　　(1)低い女性の管理職比率……93／(2)男女間の賃金格差……93
　3．女性の継続就業を推進する企業の取り組み ──────────94
　　　(1)育児休業……94／(2)ポジティブ・アクション……95／(3)ワーク・ライフ・バランス……97
　4．女性の職業選択 ────────────────────────98
　　　(1)女性の職業キャリア形成の重要性……98／(2)女性の職業選択の着眼点……99／(3)女性が自分に合った職業キャリアを形成するために……102
　5．早期離職の現状と対応 ─────────────────────104

第Ⅱ部　事例編

第6章　電機メーカー：ソニー ───────────────────108
　1．電機業界と経営環境の変化，企業の課題 ───────────108
　　　(1)電機業界の動向……108／(2)経営環境の変化……109／(3)企業組織のコア（中核）──風土，カルチャー，経営理念……110
　2．創業の理念と成長期の出来事 ─────────────────111
　　　(1)ソニー創業の理念と経営方針……111／(2)成長・発展期の出来事……113
　3．組織，人材に対する考え方と施策 ──────────────114

(1)人事開発綱領……115 ／ (2)個を生かす人事諸制度……116 ／ (3)企業と個人の新しい関係……118

4．研究開発志向のカルチャーとその実践 ──────────────── 119

(1)ソニーカルチャーのキーワード……119 ／ (2)製品開発のエピソード（商品誕生秘話）……120

5．ソニーでの経験とメッセージ ──────────────────── 122

第7章　自動車メーカー：日産自動車 ───────────────── 125

1．自動車業界の動向 ────────────────────────── 125

(1)世界金融危機による変化……125 ／ (2)日産自動車の経営とその環境……126

2．日産自動車の経営理念とその特徴，ブランド戦略展開 ──────── 127

(1)クロスファンクション……127 ／ (2) 3 軸マトリックス組織……128 ／ (3)ヘルシーコンフリクト（健全な軋轢）……129 ／ (4)トランスペアレンシー（透明性）……129 ／ (5)事例としてのブランドコミュニケーション戦略……「SHIFT」……129

3．日産の人財開発の特徴点 ─────────────────────── 132

(1)競争力開発と管理（コンピテンシーマネジメントシステム）……132 ／ (2)キャリアプランの明確化……133 ／ (3)グローバルな人財開発，管理システム……134 ／ (4)日産マネジメントインスティテュート……134

4．求められる人財像とその能力 ───────────────────── 135

(1)多様性（ダイバーシティー）の活用能力……135 ／ (2)自己発信と議論の能力……136 ／ (3)自己アイデンティティ，自己ブランドの構築……137

第8章　小売業：総合スーパー A 社 ────────────────── 139

1．小売業の特徴と発展プロセス ───────────────────── 139

(1)「流通革命」と小売業の発展……139 ／ (2)低成長下の経営動向……140

2．小売業の使命と事業展開，経営体制の改革 ──────────── 143

(1)小売業の社会的使命……143 ／ (2)事業展開と経営のキーワード……

144／(3)グループマネジメント体制の改革：純粋持株会社体制……145

3. 人材に対する考え方と採用（新卒者を中心に）――――――――146

(1)人材に対する考え方……146／(2)新規学卒者の人材像……147／(3)人材採用（新卒者を中心に）……148／(4)インターンシップの実施……148／(5)採用後の配属と初期キャリアの形成……149

4. キャリア支援と人的資源管理―――――――――――――――150

(1)キャリアデザインへの支援……150／(2)教育制度の体系化……151／(3)人事制度の改革……152

第9章　メディア産業：フジテレビ―――――――――――――155

1. 放送業界を取り巻く現状――――――――――――――――155

(1)テレビって衰退産業？……155／(2)テレビ局≧放送事業者……156／(3)送信事業の直面課題＝完全デジタル化……156／(4)映像コンテンツ供給事業の課題……158／(5)放送・制作一体ならではのビジネスモデル……160／(6)放送業界の未来……163

2. フジテレビの経営理念と事業展開――――――――――――163

(1)自己矛盾は民放局の宿命……163／(2)コンテンツ・ファクトリー……165／(3)認定放送持株会社第1号に……165／(4)フジテレビの事業展開……166

3. フジテレビの人的資源管理の特徴――――――――――――167

4. 求める人材像――――――――――――――――――――168

(1)人間大好き……168／(2)賢いもう1人の自分……169

第10章　介護サービス：ニチイ学館――――――――――――171

1. 介護業界の動向―――――――――――――――――――171

(1)官製市場……171／(2)介護保険給付費の抑制政策……172／(3)広域事業者の業務管理体制の整備……174／(4)期待される「サービス給付構造の効率化」……176／(5)深刻な介護従事者不足……177

2. ニチイ学館の沿革・経営理念と事業基本戦略―――――――179

(1)沿革……179 ／ (2)経営理念……181 ／ (3)ブランド・スローガン「やさしさを，私たちの強さにしたい.」……182 ／ (4)介護事業の基本戦略と事業展開……183

3．人的資源管理の特徴点と求める人材像 ──────────────185

第11章　情報サービス産業 ─────────────────187

1．情報サービス産業の概況 ─────────────────187

(1)情報サービス産業とは……187 ／ (2)情報サービス産業の変遷……189 ／ (3)売上高と就業者の現状……189 ／ (4)市場と業務の特徴……190

2．情報システム構築・運用の仕事 ─────────────190

(1)プロセスとアクティビティ……190 ／ (2)プロジェクトマネジメント……191

3．情報サービス産業の人材 ─────────────────191

(1)主な職種……191 ／ (2)ITスキル標準……194 ／ (3)人材の過不足状況……194

4．人的資源管理の特徴 ───────────────────196

(1)採用……196 ／ (2)育成……196 ／ (3)評価……197 ／ (4)あるべき働き方の実現……197

5．求める人材像 ─────────────────────199

(1)求められる高度IT人材……199 ／ (2)企業の人材ニーズ……201 ／ (3)求められる人材像……201

索引 ──────────────────────────203

第Ⅰ部 概説編

労働とは何か

1．働く目的とは何か

職業には，以下にあげる3要素があるといわれている．
① 職業に就くことによって収入が得られ，自分や家族の生活の維持と向上が期待されるという経済的要素．
② 職業に就くことによって，社会人としての一つの役割を果たすことができるという社会的要素．
③ 職業を通して，自分の個性や能力を発揮して自主的に興味や理想を実現することができるという個人的要素．

では現代において人びとはこの3要素のうち，何を目的として働いているのだろう．

内閣府の行った，国民生活に関する世論調査（世論調査報告書平成20年6月調査）に，働く目的は何か尋ねている項目がある．

それに対して「お金を得るために働く」と答えた者の割合が50.1％，「社会の一員として，務めを果たすために働く」と答えた者の割合が13.9％，「自分の才能や能力を発揮するために働く」と答えた者の割合が9.9％，「生きがいをみつけるために働く」と答えた者の割合が22.0％となっている（図表1―

第1章 労働とは何か 3

図表1-1 働く目的

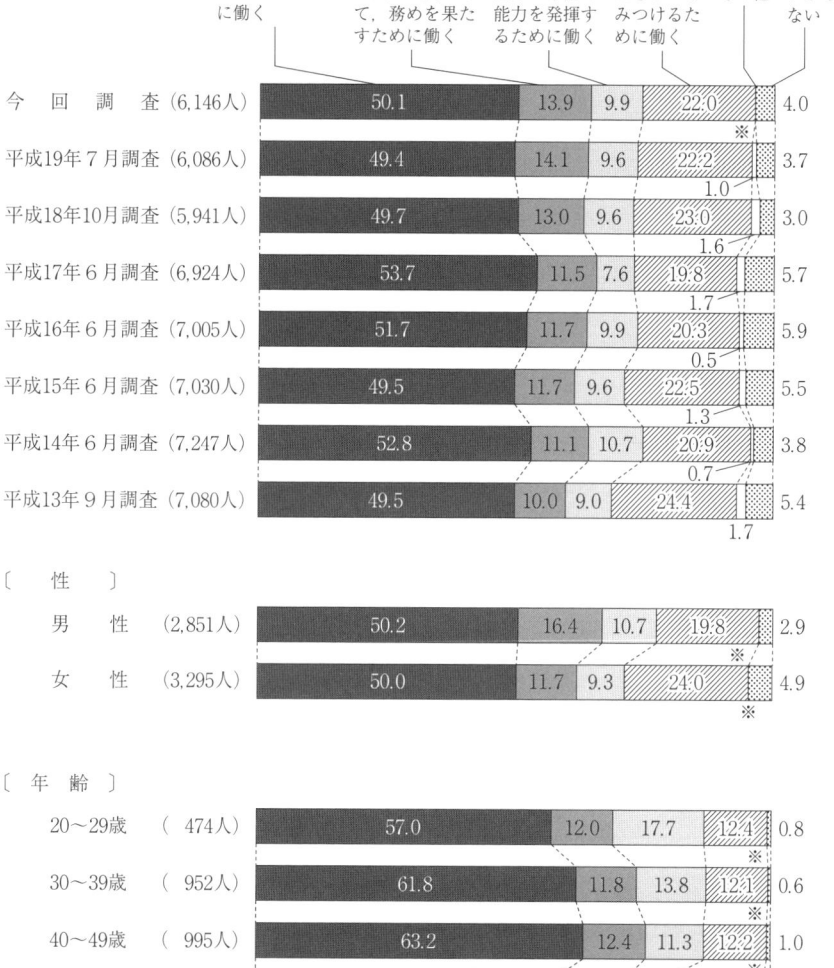

出所）内閣府大臣官房政府広報室「国民生活に関する世論調査」（『世論調査報告書』平成20年6月調査）より

図表1－2　働く目的は何か

	該当者数	お金を得るために働く	社会の一員として、務めを果たすために働く	自分の才能や能力を発揮するために働く	生きがいをみつけるために働く	わからない
	人	%	%	%	%	%
総数	6,146	50.1	13.9	9.9	22	4
〔都市規模〕						
大都市（小計）	1,401	50.2	15	11.7	19.7	3.4
東京都区部	338	47.9	16.6	11.5	20.4	3.6
政令指定都市	1,063	51	14.5	11.8	19.5	3.3
中都市	2,598	50	13.3	10.5	22.5	3.7
小都市	1,442	51.9	13.5	8.2	21.2	5.3
町村	705	46.8	14.9	7.8	26.8	3.7
〔性〕						
男性	2,851	50.2	16.4	10.7	19.8	2.9
女性	3,295	50	11.7	9.3	24	4.9
〔年齢〕						
20～29歳	474	57	12	17.7	12.4	0.8
30～39歳	952	61.8	11.8	13.8	12.1	0.6
40～49歳	995	63.2	12.4	11.3	12.2	1
50～59歳	1,224	56.9	14.1	7.2	20.1	1.7
60～69歳	1,394	40.2	16.9	8.1	30.8	3.9
70歳以上	1,107	30.4	14.1	7.5	34.7	13.4
〔性・年齢〕						
（男　性）						
20～29歳	218	55	9.6	20.2	14.2	0.9
30～39歳	422	59.5	13.7	16.8	9.7	0.2
40～49歳	449	63.5	15.4	12	8.7	0.4
50～59歳	581	57.5	17.2	7.1	17	1.2
60～69歳	653	40.3	20.4	8.1	28.5	2.8
70歳以上	528	33.9	16.5	7.8	32	9.8
（女　性）						
20～29歳	256	58.6	14.1	15.6	10.9	0.8
30～39歳	530	63.6	10.2	11.3	14	0.9
40～49歳	546	63	9.9	10.6	15	1.5
50～59歳	643	56.5	11.2	7.3	22.9	2.2
60～69歳	741	40.2	13.8	8.1	32.9	5
70歳以上	579	27.1	11.9	7.3	37.1	16.6
〔職業〕						
自営業主	638	44.5	13.2	12.7	28.4	1.3
農林漁業	129	41.9	7.8	6.2	43.4	0.8
商工サービス業・自由業	509	45.2	14.5	14.3	24.6	1.4
家族従業者	210	49	13.8	5.7	31	0.5
農林漁業	41	39	7.3	4.9	48.8	－
商工サービス業・自由業	169	51.5	15.4	5.9	26.6	0.6
雇用者	2,946	60.3	13.6	10.3	14.9	0.8
管理・専門技術・事務職	1,417	55.3	16.9	12.4	14.7	0.7
管理職	169	48.5	20.7	10.1	19.5	1.2
専門技術職	119	51.3	20.2	16	12.6	－
事務職	1,129	56.7	16	12.3	14.3	0.7
労務職	1,529	65	10.5	8.4	15.1	1
無職	2,352	39	14.5	9.1	28.4	8.9
主婦	1,279	42.2	12.8	8.7	29.4	6.9
学生	63	33.3	17.5	33.3	14.3	1.6
その他の無職	1,010	35.2	16.5	8.1	28.1	12

出所）内閣府大臣官房政府広報室「国民生活に関する世論調査」(『世論調査報告書』平成20年6月調査) より

1　図表1－2）．

　前回の調査結果（世論調査報告書平成19年7月調査）と比較して見ると，大きな差異は見られないとされる．

　確かに「生きがいをみつけるために働く」，「社会の一員として，務めを果たすために働く」，「自分の才能や能力を発揮するために働く」などの回答があるものの，「お金を得るために働く」が過半数を超えているという事実に驚かされる．年齢別に見ると，「お金を得るために働く」と答えた者の割合は20歳代から50歳代で顕著となっている．また性・年齢別に見ると，「お金を得るために働く」と答えた者の割合は男性の30歳代から50歳代，女性の20歳代から50歳代で顕著なものとなっている．

　次いで，「どのような仕事が理想的だと思うか」の項目を見ると，「収入が安定している仕事」を挙げた者の割合が52.4％，以下，「自分にとって楽しい仕事」（48.9％），「自分の専門知識や能力がいかせる仕事」（30.1％），「健康を損なう心配がない仕事」（17.6％）などの順となっている（2つまでの複数回答，上位4項目）．ここでも「収入が安定している仕事」と答えた人の割合が過半数を超している点が気になるが，「自分にとって楽しい仕事」を理想と掲げていることが垣間見える．

　そして，「収入と自由時間についての考え方」の項目については，前回の調査結果と比較して見ると，「自由時間をもっと増やしたい」（37.7％→35.5％）と答えた者の割合が低下し，「収入をもっと増やしたい」（44.7％→50.0％），「どちらともいえない」（15.2％→13.0％）と答えた者の割合が上昇の傾向を示している．

　こうしてみると，現代日本人労働者にとり働く目的は，先に挙げた3要素の中の経済的要素を優先していることがみてとれる．

　この結果を何の違和感も無く受け入れてしまってよいのだろうか．あるいはこれを当たり前のこととして認識してしまってよいのだろうか．

　以下，世の中に蔓延している新自由主義思想の下の市場競争原理の中で，人

間が「働くこと」の本当の意味とは何かについて検討を加えてみたいと思う.

2. 働く事の本質・意義とは何か

　働くことに関連する言葉としては「仕事」「職業」「労働」があげられる. この「仕事」「職業」「労働」という言葉の意味はそれぞれ関連しあっているが, それぞれの意味合いに違いがあるとされる.「仕事」は当事者の意思が垣間見られる言葉として自己実現という価値をこめて語られると指摘される.

　「職業」は, 特定の職務・職種に従事し, 職業に関わる組織の一員となることによって, 社会人として与えられた役割を果たす主体となるという意味を帯びている.

　そうした言葉とは異なり,「労働」は, 働く本人が生きるための必要を満たす営みである.

　つまり, 人はまず自分に向くであろう「仕事」ができるよう経験および修養を積み, 自分の希望する「職業」に就き, その職務による「労働」をなすことにより自分（と家族）の生計をなす.

　加えて, その「労働」は人びとが必要とする商品を生産する活動といえるので, 各個人は「労働」を通して相互に依存しあう人間関係のネットワークに加わり, 社会の一員としてその役割をこなす主体となるのである.

　以下, この「労働」および「職業」について考えてみる.

（1）労働について考える

　労働について, A. スミスは,「個人と国を繁栄させる最も近道の手段」(堂目, 2008：143-155) とした. J. ロックは「それによって所有権が発生する行為」(J. ロック, 1968) という形で労働を定義し, これが「お金を得る行為」という労働に関する現在の価値観を生み出すことになる. こうしてみると労働の捉え方は, 一定のものではなく, 時代時代に応じてその価値観を変化させてきているといえるのである.

A. スミスはまた，労働を「生産的労働」と「不生産的労働」とに分け，地主・医者・教師などいわゆるモノを生み出すことのない労働従事者たちは，不生産的労働をしているので生産労働に当たらないとしていた．一方，資本家と労働者は社会的な価値や富を現実に生み出す生産的労働と位置づけた．この時代においては，以上のような思想背景もあり労働は意味のあるものとして尊いものとされていた．

　こうした労働は，組織された集団として物を作り出すという「協業」の形態をとることによって，「協業労働」という近代的労働へと変化してゆく．

　こうした協業を成り立たせる前提として，「分業」の発展が必要となるが，その発展のためには，前もって「交換」が成立していなくてはならないとA. スミスは考えたわけである（堂目，2008：156-177）．

　先の「協業労働」のなかには，「説得性向」「交換性向」「分業」があるとされる．「説得性向」とは，市場などで物を交換するときに身ぶりや言葉を使って相手を説得することを指す．その際人間は，物品の売り買いにおいて，言葉を使ったり感情を交換することになる．「交換性向」とは，そのときに物・言葉・感情を交換することを指す（堂目，2008：156-166）．

　この「説得性向」「交換性向」の前提の下にはじめて「分業」の役割が出てくる．なぜなら「分業」とは，複数の人員が役割を分担して財（モノ）の生産を行うことであり，社会に自分の身をゆだねることによってしか成立しない発想だからである．上記の「交換性向」という交換の仕組み，いわゆる市場がなければ分業という発想は出てこないといえる（堂目，2008：156-166）．

　A. スミスは国富論において「こんなにも多くの利益を生むこの分業は，もともと，それによって生じる社会全般の富裕を予見し意図した人間の知恵の所産ではない．分業というものは，こうした広い範囲わたる有用性には無頓着な，人間の本性上のある性向，すなわち，ある物を他の物と取り引きし，交易し，交換しようとする性向の，緩慢で漸進的ではあるが，必然的な帰結なのである．」（A. スミス，1988：24）と書いている．この言説よりすると「交換性向」

も,「説得性向」という人間のより根源的な性向を前提とし生み出されてくるように思われる. 例を挙げれば,商店で商品を購入しようとする際,店員さんから説得される場合を想像してみるとよい. 商品を買おうかどうしようか迷う顧客,何とか商品を購入してもらおうとする店員の説得のせめぎ合い,いわゆる人間感情の交錯がそこには生ずるのである.

それでは市場社会を支えている人間感情とは何なのだろうか. それは道徳感情(人倫)ともいうものであろう. A. スミスによるとそれら道徳感情は,市場社会を支える「自愛心」のほか,市場社会の公正競争を支える「正義感」と,交換を可能にする「交換性向」,そして「説得性向」によっても支えられている.

市場では,人は生存をより確実なものとし自らの境遇を改善するため,物と物の交換をおこなう. ただその交換の前提は,愛情や慈恵によってではない. スミスは交換を支えるのは「自愛心」だという. あくまで自分のために交換するのである. そこには交換した他者に関する好き嫌いの感情などは問われない. そこにおいて重要なのは先に述べた「交換性向」と「説得性向」となる. 人が人に対していだく直接的感情は,このふたつの性向に従属することになるのである. このふたつの性向によって,物と物との交換が成立するときに,需要と供給が一致することになる. 市場において公正競争が守られねばならないのは,この「交換性向」や「説得性向」に不正などが生じ,その結果,社会的不正義により市場が崩壊するのを避けるためなのである. 市場を支えるのに欠くことのできないものが正義感である. 人間は,市場を通じて他者とつながることにより生存を確保するのみならず,豊かさを得ることが可能となるのである(A. スミス, 2003).

繰り返しになるが,市場社会は,商品の(等価)交換をするので,道徳が求められる. 生産労働に関していえば,商品としての労働力を市場で交換することになるわけなので,そこには道徳的な他者との相互了解が前提となるのである. 道徳的な規範性は法律となり,加えて他者との相互了解がないと社会が成

り立たないのである．これを「労働」の視点よりすると，「勤勉」と「節約」になる．こうした考え方は，近代社会において労働が社会を秩序立ててゆく道徳的な手立てとして考えられたのである．

　つまり，労働を人間の本質とみなす考え方は近代において成立した考え方であり，普遍的なものではないのである．しかしながら，われわれは，労働こそが人間の本質とみなすことにより，労働の「喜び」や「生き甲斐」もまた，労働に内在する本質的な感情と考えるようになってしまったのである．

　こうした労働観の変容によって，労働にともなう苦痛や，労働環境の悪化など改善すべき当然の労働問題がたなざらしにされることになるのである．

　今村によれば，近代以前の文明の価値基準は余暇に置かれており，労働に追われ多忙を極める生活より，自由時間を確保できる生活を優位なものと考える考え方は，社会階層の上下を問わず広く共有されていたとされる（今村，1998）．

　こうした点を鑑みても，労働を人間の本質とみなし，そこに生き甲斐を見出す近代の労働観はけっして普遍的なものではないことがわかる．

　もちろん労働に生き甲斐を求める考え方は，悪くはないが，そのような考え方が，労働を「生き甲斐」としてしまうとらえ方が，労働者自身の抱える労働問題の本質を見失わせてしまうことも忘れてはならない点である．

　われわれが生活する社会は，依然として人間活動の中心を労働が占めているような社会であるということは紛れもない事実である．にもかかわらず，最近ではこの社会での労働の意味が見失われているように思われてならない．

　では，労働の意味はどこに見出せるのだろうか．

　先にあげた「協業」の面に焦点を当て労働の意味について考えてみることにする．大庭は労働における相互承認あるいは役割遂行に労働の意味をとらえる（大庭，2008）．つまり他人に承認してもらいたい，それがかなえられれば労働は喜びになるし，かなえられないと労働が苦痛になると考えるのである．このとき労働の意味は，働くことそのものの中にあるのではないということにな

る．

　労働は他者との社会関係の内において働くということこそが本質的な特徴であって，労働の意味は，協業の中にあるということになる．社会における労働の編成のありかたにこそ，労働の意味が見出されることになる．

　そう考えると，現代社会の中で労働の意味が見失われているのは，従来の労働の編成のされ方，協業のあり方が全世界的な意味で解体しているという状況に符号するのである．

　つまり，労働の外部ではなくて，労働の編成の仕方に焦点を当て，労働の意味が失われるなどの問題があれば労働市場の仕組みを改革することが大切だということなのである．

　次に「職業」という観点から労働の意味について考えてみる．

(2) 職業について考える

　職業とは，歴史的に古くは倫理的・規範的議論より，「ゲマインシャフトの機能」として捉えられ，「全体社会への奉仕」と「個性の実現」との接点として理解される．E. デュルケムは，職業分化を社会的連帯の源泉とみるがゆえに，「道徳的秩序の根底」であるとする発想を持っていた（E. デュルケム，1989）．また，H. スペンサーは，職業制度と産業制度を峻別した．彼は前者における職業をプロフェッション（profession）と呼び，それを「政治的・宗教的」なものと特性付けた．つまり，彼にとっては職業とは，全体社会の道徳的基礎付けの役割を担う主体であったと思われる（時井，2002）．

　人間社会を一つの道徳的共同体と見れば，その連帯─統合機能やそのための活動は決定的に重要さを持つ．プロフェッションに向けられる倫理的・規範的期待の中には，「祭司的役割」の要素，あるいは聖的＝非日常性の要素が存在すると指摘される．

　現代職業社会学では，尾高により語られるように職業を道具的[1]（① 経済的見地，② 技術的見地，③ 倫理的見地などの多角的視点からしても）にとらえる傾向が強い．この見解からは，人心の安定と社会の統合において働くプロフェッショ

ンの文化的機能，いわゆる「意味づけの機能」が見落とされる傾向がある．

　こうしたことを前提として職業（occupation）概念の定義を検討すると，仮に職業に occupation という言葉をあてるにしろ，occupation 概念はより拡大して理解されなければならなくなる．すなわち，occupation は，社会の一人前の成人によって遂行される積極的な社会的役割であり，それは直接的・間接的に社会の生産物を産み出すと同時に，その反対給付として個人は何らかの報酬によって報いられ，またこれを通して個人はその自我実現を満たしうるようなものとして理解できるとされる（中野，1981）．

　繰り返しになるが，職業（仕事）は①生計，②自我実現，③社会への貢献の3要素の複合体として理解することが，常識的伝統的発想とされている．

　この中の「生計」と「労働」の結びつきについて，歴史的にとらえるとすれば，「労働」と「生計」の手段的な連繋が近代社会の産物であるといえるであろうし，人類の生存基盤の一応の確立を契機として，精励恪勤の労働によらずとも生存の可能性が保証されるようになり，「曖昧な労働」（marginal labor）の領域が拡大して現在にいたっているといえる．

　「労働」と「社会への貢献」については，「労働」と「社会への貢献」を，単純な連続関係として実現できる人はそう多くはないのは自明である．

　つまり，「労働の細分化」が進行して，労働を通して，作業工程に対する統制力，労働の意味および社会的関係などへの諸要求が満たされなくなり，仕事それ自体が欲求充足的なものではなくなったと同時に，個人が労働を通して社会と一体化し全体のうちに高度に統合されることが不可能になったのである．

　ここでいう「労働の細分化」とは，

1）市場経済の登場：労働に対する手段的態度の発生
2）家庭と職場との物理的分離
3）世俗化：労働の動機付けに果たしていた宗教的制裁の重要性の減少
4）専門化・都市化：各自の職業上の役割の不明確化・匿名化
5）労働と他の生活領域との競合化：労働とその他の生活領域との間に労働者

の忠誠心と一体感を得ようとする競争が存在する

などにより，労働する人びとに何らかの形でもたらされる事態をさす．ここに「労働」を伝統的な産業社会学の枠を超えて考察する必要が生ずるのである（中野, 1981：141）．

3. 労働にみられる疎外とその変容

ここでは「労働」へのアプローチにおいて忘れてはならない別の視角として，労働と疎外を考えることにする．

K. マルクスによれば,「疎外された労働」とは巷間よく知られているとおり，①労働の生産物に対する労働者の関係のうちに現れるもの，②生産という行為のうちに現れるもの，③類的本質存在からの人間疎外として現れるもの，④労働者に対する資本家の関係をも産出するものであるとされる．加えて,「人間が万能の非人間的権力としての貨幣に支配される」とする，貨幣と人びとの欲望の変質においてもみて取れると語られる．F. テンニエスは，商品社会における人間疎外を，ゲゼルシャフトという概念に抽象化することにより，人間本来的結合としてのゲマインシャフトと対比させ，人間の結合の分離という観点から，商品社会に対し批判を加えた（F. テンニエス, 1998）．そのテンニエスの影響を受けたF. パッペンハイムは，疎外状況を技術と疎外，政治と疎外，社会構造と疎外それぞれについて考察を加え，疎外とは断片化を意味するとした（F. パッペンハイム, 1995）．E. フロムは，現代社会の共通の社会的性格として市場的志向（marketing orientation）を指摘し，ここに現代人の疎外状況を描写した（E. フロム, 1951）．20世紀においては，労働自体が苦役からさらに発展して機械化・受け身的な労働と化している点が注目され，加えて労働の疎外状況における労働者の反抗は，完全な怠惰かあるいは労働に対する敵意として指摘されるようになった．

C. W. ミルズは，大規模な企業官僚制における人間疎外を描写することによ

り，労働者にとっては，労働の過程より収入・権力・地位のごとき付随的側面の方が重要関心事であることを指摘している（C. W. ミルズ，2000）．また，労働と余暇が分離し，疎外された労働により分裂した彼のパーソナリティは，余暇生活における利那的な刺激に没入することにより均衡を回復する点にも言及している．

こうした疎外概念について検討を通時的に概観すると，そこには，疎外概念の変質ともいえる傾向がみてとれる．つまりそれは端的にいえば，疎外概念の一般化・単純化傾向といえるものである．

疎外は当初，資本と労働，つまり階級関係における労働者の疎外としてとらえられたのであるが，社会生活における人間結合の部分性として認識されるように変容した．次いで，人間行為の市場志向性，機械的・受動的労働への変質，官僚主義的機構における人間の部品化，労働の規格化とパーソナリティの分裂が指摘される．これはつまり「階級社会」における疎外から「大衆社会」における疎外への変質といえる．

労働における疎外の次元においてまとめると，人間の「状況への支配」の問題としての，① 従属感，② 無力感であろうし，人間の「関わる状況」に対する手ごたえの問題としての，③ 孤立感，④ 離脱感（不満足感）となる．

この疎外次元を基盤として，産業共同体における連帯感の喪失，職場集団への帰属意識の欠如，「自己疎隔」（self-estrangement）が労働者にもたらされることになる．その結果として，現代社会においては労働が完全に手段化してしまい，仕事自体への自己没入が不可能となり，ミルズが指摘したようなパーソナリティの分裂が見られることになる．

結果として労働者は，「本来の労働」の意味や，「生き甲斐」を，かように語られる「疎外された労働」の外部に求めることが多くなっているのではないか．しかしながらそのような対処では，真の労働の意味を明らかにすることも適わないであろうし，「生き甲斐」の模索も適わないであろうと考える．問題の解決は，現在の労働の編成の仕組み，あるいはその解体という現実の中で，

これを再編成する方向の中で考えることによりもたらされる．

4．現代社会における労働

　繰り返しになるが，現代社会の労働の意義を再認識するためには，「労働」を伝統的な産業社会学の枠を超えて考察する必要が出てくると思う．また，労働の意味を，「本来の労働」や「疎外された労働」の外部に逃避的に求めるのではなく，現在の労働の編成の仕組みあるいはその解体という現実の中で，これを再編成する方向で考えることこそが必要であるといえる．

　現代日本社会の中において労働の意義を再認識するためには，まず現代日本の労働者の就業・雇用状況がいかなるものなのかを整理する必要がある．

　『平成18年版　労働経済の分析』には，「就業形態の多様化とその背景」として産業構造変化と多様化する就業形態が述べられている．

　2005年の我が国の就業者の構成を総務省統計局「労働力調査」でみると，就業者のうち85.2％を雇用者が占めており，自営業等は14.6％となっている．正規雇用については，就業者の59.5％と近年の非正規雇用の増加によって6割を割り込んでおり，非正規雇用については，就業者の25.7％を占めるまでになっている．また，派遣労働者や契約社員などが増加し，非正規雇用の中でも多様な働き方が増えてきていることが近年の特徴といえる（図表1－3）．

　次いで『平成20年版　労働経済の分析』には，「働く人の意識と雇用管理の動向」として働くことに関する意識とその変化について以下のように述べられている．

　まず，生活に満足感を持つ者の割合は，1990年代半ば以降低下しており，仕事について満足感を持つ者の割合も，低下傾向にあるとされている．このような国民の意識における満足感の低下は，1990年代後半の経済停滞に伴う所得面の不満によるところが大きいが，その一方で，長期的な傾向としては，心の豊かさや自由時間の充実を求める傾向が強まり，所得を追求する国民意識も

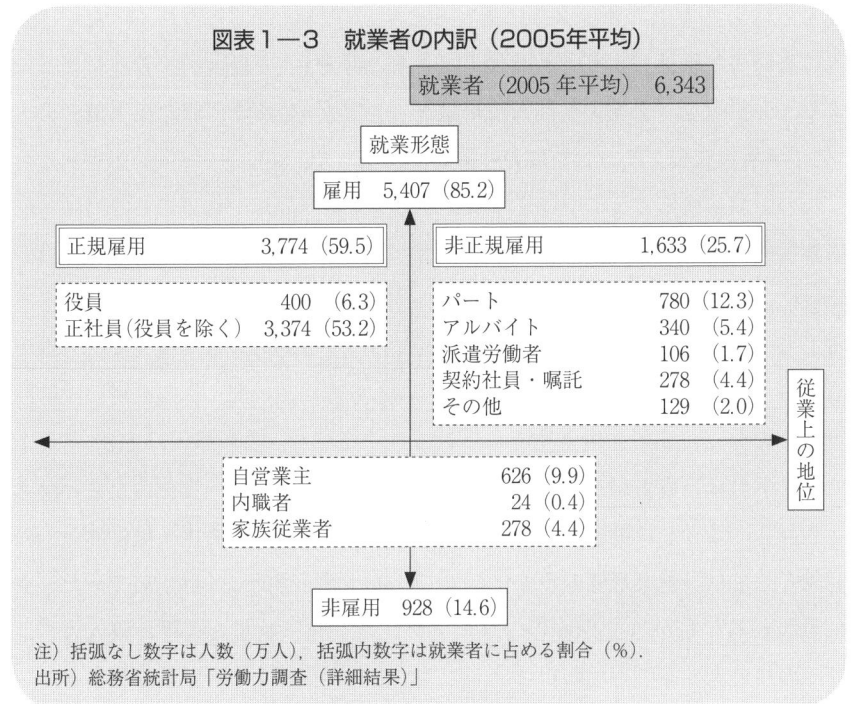

次第に変化しているとの傾向分析がなされている．

また，働き方に関する意識をみると，年齢層によって，働く目的や雇用慣行，分配のあり方に対する考え方や評価は異なっている．数値比較が可能な他国の動向をみると，我が国では，若年層の仕事に対する満足感は低く，若年層を中心に組織や仕事内容に対する不満から自発的な離職を惹起する傾向があるとされる．また，中高年層では，長期勤続者の中で不満を高めている層があり，仮に転職するとしても，賃金が大きく低下するなど，継続就業者，中途採用者のいずれの雇用管理にも大きな課題があるとの指摘もなされている．

上記の労働経済分析からもわかることだが，日本の雇用は，1990年代の初めとそれ以降で大きな変化があったとされる（『日本の論点』編集部，2009）．90年代の初めまでは，新卒で入社した社員は，定年まで勤め上げる終身雇用と，

能力ではなく人生のサイクルにあわせた年功序列賃金に守られていた．1995年に当時の日経連により「新時代の『日本的経営』」の提言がなされたことにより，労働者を「長期蓄積能力活用型グループ」「高度専門能力活用型グループ」「雇用柔軟型グループ」に分けることになった．

この中で，従来の日本型経営の根幹であった終身雇用が約束されるのは「長期蓄積能力活用型グループ」だけであり，その他のグループについては経済の環境によって企業側に人件費の調節弁の役割を負わされた．先の提言に呼応する形で，労働者派遣法が改正され，現在においてはあらゆる業種で派遣労働が認められるようになった．その結果あらゆる分野において，正規社員が派遣社員などの非正規雇用に置き換えられることになった．この原因は1980年代までの日本の経済成長が，グローバル化の進行に伴う低成長へ変化したことが考えられる．こうした動きを企業側は「柔軟化」と呼び，世の中一般においての認識としては，就業形態の多様化として当初は皆好意的に受け止めていたように思われる．しかし，2008年のリーマンショックに始まる世界金融危機およびその後の世界同時不況の折には，こうした非正規雇用者の契約を更新しないいわゆる「派遣切り」で，雇用調整を実施することになった．その結果，労働者が雇用と同時に住居までも失うという状況を呈することになり，雇用問題が社会問題として認知されることになる．

以上のような状況下での労働の意義とは何だろうか．

（1） 労働の意義とは

市場原理の暴走に対して歯止めが効かなくなりつつある現代日本においては，労働を単なる個人が生存するための手段，生きるための費用を確保する手段とみなす発想が潜んでいるのではないか．

雇用問題として今日における派遣労働者の問題は，2005（平成16）年の労働者派遣法の改正に際して，製造業に対する労働者派遣が認可されたことに端を発する．この労働者派遣法改正の背景にあったと考えられる労働観は，新自由主義[2]の思想のもとでの労働市場の柔軟化への期待があったといえる．

新自由主義の思想の基礎には,「人間は,自分のことをすべて分かっており,自分の利益になるように合理的に計算して行動できる存在である」という人間観があるとの指摘がある．つまり自由な労働市場とは,労働者が自分の能力を考慮し,自分の利益になるように合理的に計算して職場を選ぶことが可能であり,一方において,労働者を受け入れる企業も自社の利益になるように労働者を雇うことのできる場を意味するのである．

　新自由主義によれば,労働者は,自分の能力や性格について,仕事を選ぶ前に,あらかじめ,すべて知っていることが前提とされている．果たして,本当にそんなことが可能なのか,それは不可能なことなのではないか．常識的に考えてみて,自分の能力,性格,適性に関する正確な情報というものは,仕事をしながら獲得していくものだと考えられる．

　この点に関して,中野は,以下のように指摘している．

　職業選択は,自分が何者であるかについて知った上で,行うものではなく,まず職業を選択し,その職業で一定期間,働き続けることで,自分が何者であるのかを知ることが肝要である．人は,労働を通じて,己が何者であるのかを知り,また各個人の能力や人格を形成する．だとすれば,労働は,単なる生存のための単なる手段などではない（中野剛志,2009）．

　これはつまり労働それ自体が,その人物のキャリアを形成するのみならず,その人生の意味をも形作るということを意味するのである．

　そう考えると,硬直的で転職などの世代内社会的移動が容易でない労働市場のほうが,自分でその職業をより良いものにしたり,職場を改善しようという意欲から,不満を解消する努力をしたり,仕事に対するモチベーションを高める可能性がある．

　しかしながら,就業形態の多様化にみられる労働市場の柔軟化を推進した新自由主義は,職場への束縛が無い状態を理想視し,束縛が人間の生にもたらす積極的な意義を喪失させたのである．

　人間とは,自分が何者なのかすら正確に知らないという,不完全な存在であ

る．しかし，人間は，時間をかけて成長するものである．その成長を可能にするのは，ある事業や人間関係に対する持続的なコミットメントである（中野，2009）．

昨今の派遣切りの騒動は上記労働の意義の一端を明示しているのである（宮本，2009）．

働くことの意味をおそらく最も分かり易く表現するものとしてよく取り挙げられる学説の一つに，マズローの欲求段階説がある（A. H. マズロー，1987）．

人は生理的欲求や生存の欲求から始まって，安全・安定の欲求，帰属の欲求，自尊・承認の欲求，自己実現の欲求を求めるのであり，働くことに関して言えば，人は生活のために働く，安定を求めて働く，何らかの組織に帰属し人との交流を求めて働く，そして仕事の上での承認を求めて働く，仕事の達成を通じて自己実現を図ることを求めて働くということになる．

マズローの5つの欲求は，一つとなって人間の存在を形作るのであり，働くことも同じである．生活や安定のためや，人との交流のためや，承認や自己実現のためが段階的に切り離されるわけではなく，一つのものとなって働くことの意味を形作ってゆくのではないかと指摘される（宮本，2009）．

派遣という働き方を考えると，上記5つの欲求のうち，生存の欲求だけに特化した働きと言えないだろうか．そのような，一つの欲求に特化し，安全も帰属も承認も自己実現もなくした働きは，労働者にとってかなり厳しい生き方と言えないだろうか．その背景には，雇用の安定という安全の欲求は企業の責任ではなく，市場の中で労働者の自己責任として追求すべきものとする市場原理が垣間見えてくる．自己責任という言葉の下，企業の社会的責任が問われないというのはおかしな話である．

働くことに関して言えば，企業への帰属であり，これなくしては生存の欲求も安全の欲求もありえない．これらの欲求には，確かに優先順位の差異はあれ，それぞれの欲求が一つずつ順番に達成されるのではないと思う．つまり生存の欲求，安全の欲求，自尊や承認の欲求，自己実現の欲求，これらの欲求す

べては，特定の職場や企業組織のなかでこそ実現されるものなのである．

こうした組織のなかでの職務の遂行あるいは職歴すなわちキャリアに相応して，次なる仕事が与えられ，獲得できるのだから，各自の職務の遂行なくしては自己実現はありえないのではないか．

こう考えてみると，現代の雇用形態のうち，派遣労働という形態は雇用者との関係，職場を同じくする同僚との関係が希薄な雇用形態といえる．そこにあるのはその場限りの労働の売買の関係でしかなく，そうした労働には労働本来の意義を見出すことができない．

直接雇用の負担を負うのは，企業の社会的責任（CSR）である．まとめとして最後に，現代社会における労働の意義の再認識について考える．

（2）現代社会における労働の意義の再認識

以上みてきたとおり，現代社会において労働の意味・意義を問うことの虚しさが垣間見られたと思う．その理由を考えてみれば，先にも述べたとおり 19 世紀そして 20 世紀における雇用問題は貧困問題を主眼におくものであり，そうした「貧しい社会」における貧困問題や過重労働問題は，高度の産業化，組織化，技術化を通しての経済成長によって解決可能であった．しかしながら現代の新自由主義経済下の市場経済に端を発する労働強化やワーキングプアは，かつての貧困問題とはその様相を異にするものと言える．モノや資本や情報が有り余る過剰化社会の中で，労働も過剰となっているという状況が生じているのである．

かような状況を生じさせたのは，

「市場は自己実現を可能とする．」「市場では人びとのもっている多様な能力を活用できる．」「やる気のあるもの，努力したものが報われる社会を実現するのが構造改革だ．」「構造改革とは頑張ったものが報われる社会を作る．」「個人の自己実現」や「努力をしたものが報われる」や「消費者としての利得」といった，市場中心主義者の「命題」がその要因と指摘される（佐伯，2009）．

こうした考えが，従来，労働に求められた苦行，粘り強さ，誠実さといった

倫理を打ち壊し，一方において，消費を突き動かす快楽主義や即物的満足の追求や自己実現といった価値を惹起させたといえる．こうした動向を D. ベルは資本主義の文化的矛盾とし，「労働についての倫理観と消費における価値が対立し，その両者が一人の人間の中で葛藤を起している」という指摘をした（D. ベル，1976）．欧米の労働者にとっては，この葛藤の克己はピューリタン的禁欲のエートスにより可能なものとなると考えられるだが，そのような宗教的救済の乏しい日本においては，労働に意味を与えるものは，会社のためであったり，家族のためであったり，時には日本のためであったりする．使命感は，何らかの意味での集団への準拠となるのであるが，それでもある種の使命感は残ったといってよいだろう（佐伯，2009）．

仕事の「社会的使命（mission，ミッション）」とは何かをいつも考え続け，その「ミッション」の実現こそが各自の「仕事を通しての自己実現である」となるのである．世の中の役に立つ自分の仕事の社会における意味や役割を考えて仕事をすると，仕事が楽しくなり，生きている意味を仕事に見い出せるようになるのではないか．

こうした考えは，『平成20年版　労働経済の分析』において，日本におけるディーセント・ワーク（働きがいのある人間らしい仕事）として，指摘されている．ここでいうディーセント・ワークとは，「働きがいのある人間らしい仕事」であるとされる．これは，人びとが働きながら生活している間に抱く願望，すなわち，

① 働く機会があり，持続可能な生計に足る収入が得られること
② 労働三権などの働く上での権利が確保され，職場で発言が行いやすく，それが認められること
③ 家庭生活と職業生活が両立でき，安全な職場環境や雇用保険，医療・年金制度などのセーフティーネットが確保され，自己の鍛錬もできること
④ 公正な扱い，男女平等な扱いを受けること

といった願望が集大成されたものである．ILO は，この「ディーセント・ワ

ーク」の実現が，ILO 憲章により与えられた使命達成のための主目標の今日的な表現であると位置付けている．

　ここで言う「仕事を通しての自己実現」とは，利己主義的要素の強い自己実現ではない．集団への使命を果たすことを包含する自己実現であろう．従来はこうした集団を優先することによる，集団の規律や集団的な価値へのコミットメントのありようが，「日本的経営」を支えてきたのである．昨今の，新自由主義の下の市場競争原理はこの日本的経営を解体しようとした．しかし，今日の大不況は，市場中心主義の限界を露呈させ，雇用の安定と労働のモチベーションの集団的意義付けを柱とする日本型経営の再評価へと向かっている（佐伯，2009）．

　「ただパンのために働くのはよせ．理想の光をかかげてやれ」という石田禮助の言葉（城山，1992）に鼓舞されるわけではないが，いまこそわれわれは，日本独自のあるいは日本的企業という集団の中で養われる「労働の意義・意味」について考え直す必要がある．

【注】
1) 尾高は「職業概念に『個性，役割，生計』の三要素を託すという立場」と指摘した（尾高，1953）．
2) 新自由主義とは，人やモノが自由に取引される市場が，最も効率的な経済を実現するというイデオロギーとされる．

参考文献
堂目卓生（2008）『アダム・スミス「道徳感情論」と「国富論」の世界』中公新書
ロック，J. 著，鵜飼信成訳（1968）『市民政府論』岩波文庫
スミス，A. 著，大河内一夫訳（1988）『国富論』中央公論社
スミス，A. 著，水田洋訳（2003）『道徳感情論（上）（下）』岩波文庫
今村仁司（1998）『近代の労働観』岩波新書
大庭健（2008）『いま，働くということ』ちくま新書
デュルケム，E. 著，井伊玄太郎訳（1989）『社会分業論（上）（下）』講談社学術文庫
時井聰（2002）『専門職論再考』学文社

尾高邦雄（1953）『新稿職業社会学　第一分冊』福村書店
中野秀一郎（1981）『プロフェッションの社会学』木鐸社
マルクス, K.／エンゲルス, F. 著，廣松渉編訳，小林昌人補訳（2002）『新編輯版　ドイツ・イデオロギー』岩波文庫
テンニエス, F. 著，杉之原寿一訳（1998）『ゲマインシャフトとゲゼルシャフト（上）（下）』岩波文庫
パッペンハイム, F. 著，粟田賢三訳（1995）『近代人の疎外』岩波書店
フロム, E. 著，日高六郎訳（1951）『自由からの逃走』創元社
ミルズ, C. W. 著，鵜飼信成・綿貫譲治訳（2000）『パワー・エリート（上）（下）』東京大学出版会
マズロー, A. H. 著，小口忠彦訳（1987）『人間性の心理学——モチベーションとパーソナリティ』産業能率大学出版部
宮本光晴「帰属なき労働の不幸」（『表現者』2009 年 3 月号）ジョルダン
佐伯啓思「『仕事で自己実現』は可能か」（『表現者』2009 年 3 月号）ジョルダン
ベル, D. 著，林雄二郎訳（1976）『資本主義の文化的矛盾（上）（中）（下）』講談社学術文庫
中野剛志「人はどうやって仕事を選ぶのか」（『表現者』2009 年 3 月号）ジョルダン
城山三郎（1992）『「粗にして野だが卑ではない」石田禮助の生涯』文春文庫

【参考資料】
厚生労働省『平成 18 年版　労働経済の分析』
厚生労働省『平成 20 年版　労働経済の分析』
厚生労働省『世論調査報告書　平成 20 年 6 月調査』
『日本の論点』編集部（2009）『その先が読めるビジネス年表』文藝春秋

経済社会の変動と雇用システム

　本章では，高度経済成長期以降の現代日本社会に焦点を当てて，今日にいたる経済社会の変動プロセスをたどりながら，そうした変動との関連で勤労者の働き方，企業の雇用システム，人的資源管理がどのような影響を受けて移り変わってきたかを検討する．まず，現代の社会変動が「非連続的」な性格を刻印してきたことをみた上で，産業構造，職業構造の変化が勤労者の働き方や職業生活に対してもつ意味を考察する．最後に，経済社会と産業・職業構造の変動のなかで，企業の雇用システム，人的資源管理の変化と直面する課題を検討する．

1．産業社会の変動と日本の経済成長

(1)　現代の社会変動の意味──ドラッカーの「断絶の時代」

　日本でも多くの読者をもつ著名な経営学者ピーター・ドラッカー（Drucker, Peter F.）が『断絶の時代』を著してから，ほぼ40年が経過している．そのなかで彼は，「まだはっきりとは現われていない非連続が，経済，政治および社会の構造と意義を変化させつつある」（Drucker, 1969, p.v）と記し，非連続は4つの分野に存在すると論じた．

第1に，真正の新しい技術が出現しつつあり，それによって新しい重要産業，新しいビジネスが生まれる一方で，すでにある重要産業や大きい事業がすたれていく．第2に，世界経済の大きな変化として，ワールド・エコノミーの誕生があげられる．共通した情報が経済的欲求，アスピレーション，需要を生み出し，国境と言葉の違いと政治的イデオロギーを越えて，世界は1つの市場となり，「地球的規模のショッピング・センター」になりつつある．しかし他方で，ワールド・エコノミーにふさわしい経済制度，経済政策・理論が欠落しているとの問題が指摘されている．第3は，社会経済生活の政治的基盤が急激に変貌し，社会と政治は多元化しつつあるとされる．人びとの現実の行動を支配する，組織化され中央集権化された存在（政府，教会，大学等）に対して，幻滅や批判，反逆が拡大し，とくに若者たちが既成の組織に対して敵意をもち否定的な態度をとっている．第4に，最も重要な変化として，知識の位置づけにかんする変化があげられる．知識は過去数十年の間に，最も中心的な資本あるいは費用項目，経済資源となり，この結果，労働力と仕事，教えることと学ぶこと，知識の意義を変化させた（Drucker, 1969, pp. vii–ix）．

　以上のドラッカーの議論は40年前のものだが，これを現在におきかえて考えてみれば，次のようになるだろう．① 新しい技術・知識の重要性は近年ますます高まり，コンピュータや情報通信技術は産業活動だけでなく人びとのライフスタイルにも大きな変化をもたらしている．また，専門・技術職への需要が一層拡大し，人的資本（human capital）への投資が国家や企業の主要な課題となっている．② ワールド・エコノミーの誕生は東西冷戦構造の解体によって現実のものとなり，経済のグローバル化がますます加速されている．産業や企業の活動が国境を越えて拡大するとともに，世界的な経済変動にゆり動かされている．③ かつては社会体制への若者や労働者の「意義申し立て」運動が拡大したが，今日では政党や官僚機構への不信感の高まり，NPO（非営利組織）の活発化がみられ，中央集権型組織の多元化・分権化が志向されている．

　ここで特筆される点は，現代の社会変動の性格である．近代産業社会の成立

以来，人びとの生活は絶え間ない変化にさらされてきており，産業社会は「変化が常態化している社会」であるといえる．1970年代以降，とりわけ90年前後からの社会状況は「過去の延長線上では推し量れないような非連続的な変化」が生じているように思われる（石川・田島，1999, i）．以下では，高度経済成長期およびそれ以降の日本社会について，その変動プロセスと背景・要因，および企業の事業展開を整理してみよう．

(2) 日本の経済成長と社会変動——高度経済成長期以降の展開

日本社会は第2次世界大戦後の復興をへて，急速な経済成長をとげ，先進国の仲間入りを果たした．とくに1960年代の日本経済は年率10％を超える高度成長を達成し，「奇跡の成長」といわれた（小浜・渡辺，1996, p.4）．この高度経済成長の過程で，日本社会の近代化・産業化は欧米諸国以外ではじめて産業国家を確立した成功例として世界的に注目され，多くの研究者や実務家が来日して，日本の経済運営や企業経営についてリサーチしていった．日本的経営論の端緒をなした著名な業績であるアベグレン（Abeggren, James. C.）の『日本の経営』も，そうした研究の一つとして生まれたものである．

ここで，高度経済成長期およびそれ以降の成長トレンドをとらえるために，図表2—1を参照しながら，高度経済成長期，安定成長期，低成長期という3段階に分けて考えてみたい．なお，この時期区分は橘川武郎の整理にしたがったものである（橘川，2007, pp.297-306）．

① 高度経済成長期（1956〜73年度）

戦後の混乱期を脱した日本経済は，1950年代半ばから70年代初めにかけて「世界史上特筆すべき高度成長」をなしとげた．この時期に日本は，GNP（国民総生産）規模でヨーロッパの先進各国を追い抜き，アメリカに次いで，資本主義国中第2位の地位を占める「経済大国」となった（橘川，2007, pp.297-298）．経済成長率の推移を示した図表2—1によれば，年によってジグザグの動きはあるものの，神武景気，岩戸景気，いざなぎ景気という空前の好景気をへて，年平均9.1％前後の経済成長を実現してきたことがわかる．

図表2－1　経済成長率の推移

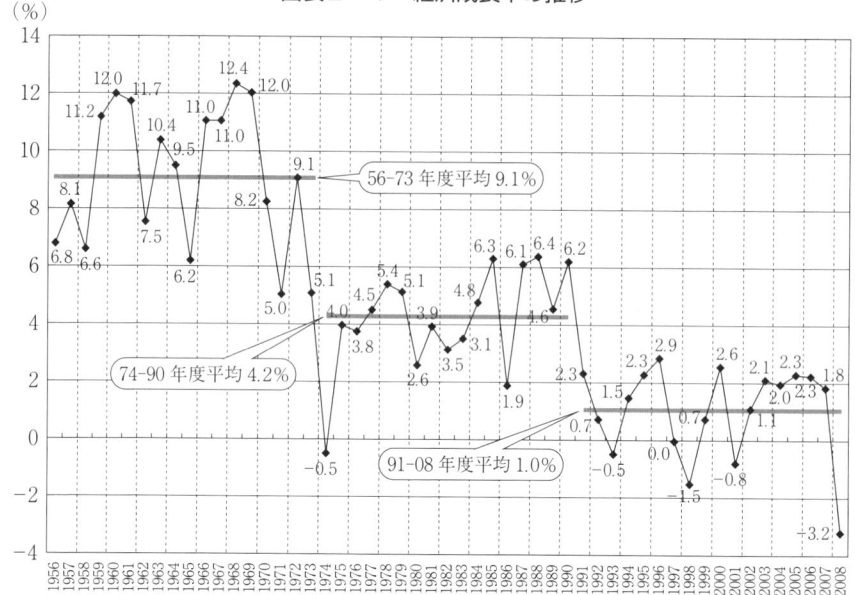

注）年度ベース．93SNA連鎖方式推計ベース（GDP80年度以前は63SNAベース）．
　　平成21年4－6月期2次速報値〈平成21年9月11日公表〉．平均は各年度数値の単純平均．
出所）内閣府「国民所得統計速報」

　この間の重要な出来事としては，IMF（国際通貨基金）8条国移行とOECD（経済協力開発機構）加盟があり，「貿易自由化や資本自由化の進展にみられる開放経済体制への移行」が本格的に進んだ．当時は，開放経済体制を脅威とみなす論調も強かったが，大型化投資や労使一体の企業努力の結果，日本の労働生産性は欧米先進諸国のそれをしのぐ勢いで上昇し，企業の国際競争力が強化された（橘川，2007，pp.298-299）．

　高度経済成長を可能にした主な要因は個人消費支出の伸び，いわゆる消費ブームにあったとされる（小浜・渡辺，1996，p.34）．耐久消費材の普及率をみると，1950年代末から白黒テレビ，電気洗濯機，電気冷蔵庫，電気掃除機などの購入が進み，70年代初頭にはほぼ全世帯に普及したことが明らかである．都市化や核家族化とともに，ライフスタイルの変化，生活水準の向上が高度経

済成長を牽引していたことがうかがえる．
② 安定成長期（1974〜90年度）

　長期にわたった高度経済成長は，1973〜74年の第1次石油危機を契機に終焉をむかえるが，欧米諸国がその後長い停滞期に入ったのに対し，日本経済は比較的早期に立ち直り年率3〜6％程度の経済成長を持続した．この意味で，石油危機からバブル景気までの時期を「安定成長期」と位置づけている．

　この時期は，戦後の経済社会の大きな転換点にあたる．1971年のニクソン・ショック（ドル・ショック）から動揺していたIMF体制が崩壊し，円の為替相場は1ドル360円の固定相場制から，308円への切り上げをへて，変動相場制に移行した．次いで，73年の第4次中東戦争にともない第1次石油危機が発生し，原油価格の高騰が企業収益や家計を直撃して，74年にはマイナス成長を経験した．この後，日本経済が安定成長にシフトできたのは，① 良好な労使関係と継続的な企業間関係，② 長期的な視野に立つ企業の経営戦略の展開，③ 省エネルギーなどの市場のニーズに合致した製品開発，④ 生産工程の徹底的な効率化や高度化の成果であるとされる（橘川，2007，p.302）．

　1970年代後半から80年代前半にかけて，2度の石油危機を乗り越えた日本企業は競争優位を確立し，製品輸出を中心とする事業展開で貿易黒字を拡大させた．この時期，日本経済の良好なパフォーマンスは国際的な関心を集めるが，一方で貿易摩擦が顕在化し，政治的なコンフリクトを招くこととなった．85年のプラザ合意（先進5カ国蔵相会議での国際協調による円高誘導の決議）を契機に急激な円高が進んだ結果，輸出の鈍化，生産の停滞から「円高不況」をまねき，素材型産業を中心に雇用調整が断行された．しかし，86年後半には景気は好転し，内需拡大政策のもとで地価や株価の暴騰が発生して，「バブル景気」がもたらされた．このように80年代半ば以降，不況と好況が目まぐるしく交錯する展開となった．

③ 低成長期（1991〜2005年度）

　1990年10月の株価暴落をきっかけに空前の好景気は崩壊に向かい，日本経

済は長期不況に入っていった．GDP（国内総生産）の平均成長率が1.0％に低迷した，この時期は「低成長期」と位置づけられる．折りしも，89年11月のベルリンの壁崩壊，91年のソビエト連邦解体という世界的な変動は，東西冷戦構造の終焉という国際政治体制の大転換にとどまらず，グローバルな市場経済化への潮流を示すものであり，「大競争時代（Mega-Competition Age）」の幕開けとなった．各産業・企業にとっては，中国をはじめとするアジア諸国とのコスト競争，安価な製品の流入と「価格破壊」，情報通信技術やインターネットの普及によるビジネス環境の激変，少子高齢化によるマーケットの変容・縮小など，きわめて多様で深刻な経営課題への対応を迫られてきた．

　他方，バブル景気の崩壊により，地価の急落，株価の低迷といった資産デフレーションが進行し，企業収益を圧迫して，倒産件数の増加とともに，多くの企業でリストラクチャリング（事業の再構築）が本格化した．この結果，失業率の高まり，雇用不安の拡大とともに，個人消費支出が伸び悩み，企業収益をさらに低下させる悪循環に陥った．とくに1997～98年にかけて深刻な金融危機が発生し，北海道拓殖銀行，山一證券，日本長期信用銀行，日本債権信用銀行などの経営破綻が表面化した．1999年度からは消費者物価が持続的に下落して，一般的なデフレーションが発生し，2002年8月には完全失業率5.5％と，調査開始以来の最悪水準に達した（橘川，2007，pp.304-305）．

　その後も，株価の低迷など不況の様相が続くが，不良債権処理や不採算企業の経営改革，リストラクチャリングの努力が実りはじめ，2003年頃から大企業を中心に企業業績が好転し，07年までの長期にわたり好調な業績を示してきた．ところが，アメリカの住宅バブル崩壊とサブプライムローン問題に端を発する世界経済の混乱は，08年秋から金融危機として顕在化した．この問題は，日本の輸出企業の急激な生産調整として実体経済にも波及し，勤労者の報酬の減少，将来不安の拡大，個人消費の落ちこみという負のスパイラルを経て，小売業，サービス業など多様な産業分野に影響してきた．雇用の面でも，07年までの高い求人需要から一転して，有効求人倍率の低下，失業率の悪化

がいちじるしく，戦後最悪のレベルを更新しつつある．

　こうした最近の世界同時不況の情勢について，「新自由主義，新保守主義の全盛時代」が終わり，「16 世紀に資本主義が始まって以来の地殻変動」が起きているという説も出されている（水野，2008，pp.3-5）．ふり返れば，かつての世界恐慌（1929 〜 30 年代前半）を機に新たな経済理論と社会経済政策が生み出されたが，今回の経済危機でもグローバルな社会変動に対応するシステムの構築が求められているといえよう．

2．産業構造・職業構造の変化とその意味

　ここでは，先にみた経済社会の変動と関連させながら，就業者の働き方や産業分野（産業構造），職業分野（職業構造）がどのように変化してきたかをつかみ，そうした変化がもつ意味について検討する．

（1）就業者の働き方（従業上の地位）の変化

　まず，日本の就業者の働き方について，「従業上の地位」という指標からみてみよう．従業上の地位には，雇用者（サラリーマン），自営業主（自営業の事業主や企業経営者），家族従業者（自営業を手伝っている家族員）の 3 タイプがあり，就業者の経営上の基本的立場の違いを示したものである．

　総務省統計局の「国勢調査」によれば，1950 年には雇用者 39.3％，自営業主 26.2％，家族従業者 34.4％で，自営業セクターが多くを占めていた．ところが，それ以降は雇用者が実数でも就業者全体の比率でも増えつづけ，55 年 45.7％，60 年 53.9％，65 年 60.7％と高度経済成長の前半期に著しい伸びを示す．その後も雇用者の比率は拡大し，80 年に 7 割を超え（71.2％），95 年に 8 割を超えて（81.2％），2005 年には 83.7％に到達した．一方，自営業主は，実数では 50 年から 70 年までおおむね増加傾向をたどり，70 年の 1,025 万人でピークを打つが，それからは主に減少に転じている．就業者全体の比率では自営業主は徐々に低下しつづけ，65 年に 2 割を切り（19.7％），85 年に 15.4％，

2005年には11.2％となった．また，家族従業者は50年以降一貫して減りつづけ，65年19.5％，85年9.2％となり，2005年には5.1％まで低下した．

以上のように，高度経済成長期の工業化を中心とする産業発展にともない雇用者の比率が拡大しつづける一方で，安定成長期から自営業セクターの縮小が目立って進んできたことがわかる．いうまでもなく，雇用者とは特別な資産や経営資源をもたず，自分が身につけた技能や知識，経験を活用することによって収入を得て生計を立てていく存在である．今日の社会は，こうした雇用者が8割以上と大部分を占める，雇用者社会またはサラリーマン社会であると特徴づけることができる．この含意は，働く個人においては，知識や技術を習得し能力を高めて，自己の社会的価値を向上させキャリア形成をはかり，職業人生をデザインしていくことが中心的な課題になることを示している．また，社会的には，多様な教育・学習の機会を整備して人的資本への投資を高めていくことが，社会発展のための主要な政策課題であることを表している．

（2） 就業者の産業分野の変化

次に，図表2－2により，就業者が働いている産業分野（産業構造）の変化をみてみよう．この図表では，産業3部門について示しているが，1950年には第1次産業（農業等）の就業者がほぼ半数（48.5％）を占め，第2次産業（製造業，建設業等）の21.8％，第3次産業（卸売・小売業，サービス業，医療・福祉等）の29.6％を大きく上回っていた．その後，第1次産業就業者は高度成長期から安定成長期の初期にかけて急激に減少し，55年41.1％，60年32.7％，70年19.3％，80年10.9％と著しく低下してきた．一方，第2次産業就業者は高度成長期を中心に拡大し，60年29.1％，75年34.1％に到達する．就業者数でみた場合は90年の2,055万人でピークを迎えており，まさに60～80年代が，日本の経済社会における工業化の黄金時代であったことがうかがえる．ところが，低成長期の95年からは減少過程に入り，2005年には就業者数1,593万人（25.9％）にまで低下している．これに対し，第3次産業就業者は55年35.5％，65年43.7％，75年51.8％，95年61.8％と一貫して増加し，2005年には就業

図表2−2 産業別就業者数の推移（国勢調査）

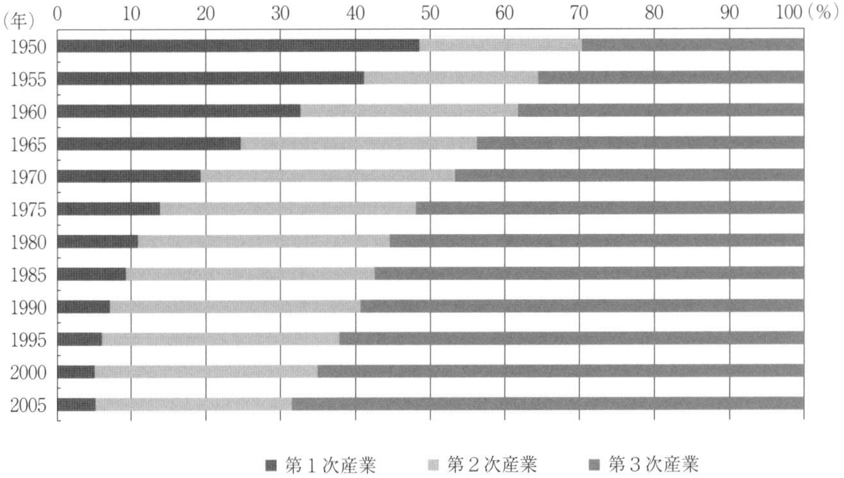

■ 第1次産業　■ 第2次産業　■ 第3次産業

者数4,138万人で全就業者の3分の2（67.3%）を占めるに至った．

それでは，産業構造の内容をより詳しくつかむために，最近の産業大分類別の就業者数の増減をみてみよう．主な産業別就業者数の2000〜05年の推移をみると（単位：万人），農業289→289万人（増減0万人，以下同様），建設業635→543（−92），製造業1,200→1,046（−154），情報通信業158→166（＋8），運輸業318→310（−8），卸売・小売業1,170→1,111（−59），金融・保険業175→149（−26），飲食店，宿泊業349→328（−21），医療，福祉427→532（＋105），教育，学習支援業264→270（＋6），サービス業806→875（＋69）となっている（総務省統計局，2007，p.57）．このように，農業はほぼ就業者数の減少が止まり横ばいで推移しているが，製造業，建設業，卸売・小売業は50万人以上の減少がみられる．これに対して，第3次産業に含まれる医療，福祉，サービス業，情報通信業などは増加がつづいている．

以上の産業構造の趨勢から，現代の経済社会を脱（ポスト）工業化，サービス経済化または高度産業化の進行した社会と特徴づけることができる．ダニエル・ベル（Bell, Daniel）の『脱工業化社会の到来』は1970年代初頭に出された

が，そこで脱工業化の中心概念とされたサービス経済の優位は，日本社会でも，第3次産業就業者が5割を超えた70年代後半から明確な姿をとりはじめ，90年代以降の製造業就業者の大幅な減少とともにますます顕著になりつつある．この点は，富永健一によれば，ポスト工業化をもたらす要因は，① 第2次産業におけるオートメーション化・ロボット化などの労働節約技術の発達によるブルーカラー労働者の減少，② 第1次石油危機後の「減量経営」といわれた合理化の動き，③ 工業が発展途上国に移転する「空洞化」現象にあるとし，「工業社会からの離脱，工業社会の否定，あるいは反インダストリアリズムによって生じたものではない」と論じられている（富永，1996，pp.428-429）．

脱工業化といっても，経済活動が物財の生産から離脱してしまうと考えるのは非現実的であり，産業の付加価値の源泉が知識・技術や情報という無形の資産にもとづく比重が大きくなるととらえるのが適切である．工業社会が高度化し市場が成熟化するにつれて，製品の価値は素材に付加される価値による部分が大きくなり，そうした付加価値は知識，技術，情報の投入によって生み出される．また，拡大しつづけている第3次産業でも，施設・設備などの基盤の上で無形のサービスの提供によって価値を産出することが，基本的な事業形態であることが少なくない．利益を生み出すための差別化のポイントは，知識，技術，情報の投入やサービスの提供にあり，そのための知識・技術の集約化や人材基盤への投資が不可欠であると考えられる．

（3） 就業者の職業分野の変化

さらに，図表2―3により，就業者が働いている職業分野（職業構造）の変化をみてみよう．それによれば，1950年には農林漁業従事者がほぼ半数（48.0％）を占め，次いで生産工程・労務作業者が2割強（23.2％）で，その他は1割以下だった．しかし，工業化とともに農林漁業従事者は大幅な減少がつづき，高度経済成長期，安定成長期を通じて60年32.5％，70年19.2％，80年10.8％と低下してきた．農林漁業従事者にかわって多数を占めるようになったのは，工業社会で中核的役割を果たす生産工程・労務作業者であり，60年

29.5％，70年32.4％，80年32.1％と推移してピークを迎える．しかし，85年以降は低下に転じて95年からは3割を切っている．低成長期に入ると就業者数ベースでも減少がつづき，2000～05年には約181万人が減っている．

一方，専門・技術，管理，事務，販売といったホワイトカラー職種では，高度経済成長期から増加の傾向が目立っている．専門的・技術的職業従事者は1960年5.0％，70年6.6％，80年8.7％，85年10.6％，95年12.5％，05年14.3％と着実に伸びており，とくに安定成長期の後半から低成長期にかけて大幅な増加を示している．管理的職業従事者は65年から少しずつ増加し80年の4.7％でピークを迎えるが，それ以降は3％前後に低下している．事務従事者は60年10.2％，65年13.1％，75年16.7％，90年18.7％と高度成長期，安定成長期を通じて着実に増加してきたが，低成長期に入ると伸びが鈍化している．販売従事者も55年10.6％，65年11.7％，75年13.3％，80年14.6％，95年15.2％と高度成長期から低成長期の初期までほぼ持続的に増加してきたが，95年以降は比率，就業者数とも低下している．なお，上記のほかに，比率は低いが持続的に増加してきた職種にサービス職業従事者があげられ，55年5.0

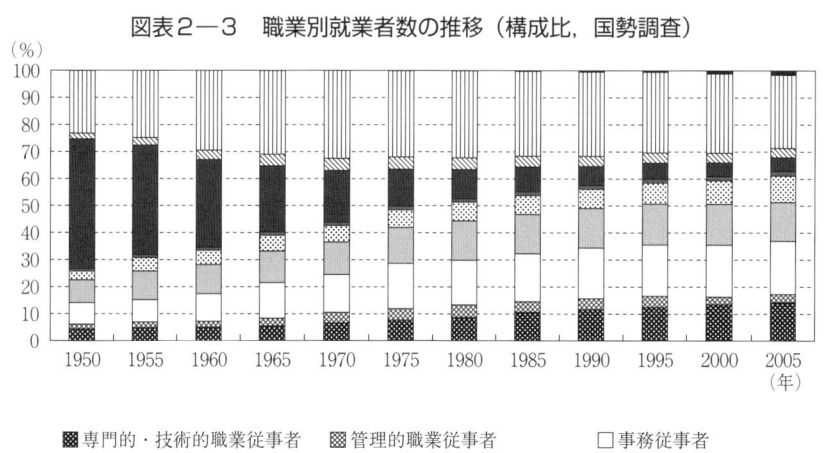

図表2－3　職業別就業者数の推移（構成比，国勢調査）

■ 専門的・技術的職業従事者　▨ 管理的職業従事者　□ 事務従事者
▨ 販売従事者　▨ サービス職業従事者　■ 保安職業従事者
■ 農林漁業作業者　▨ 運輸・通信従事者　▥ 生産工程・労務作業者
■ 分類不能の職業

％から 85 年 7.1％，05 年 9.9％と推移している．

　以上のように，職業構造のトレンドをみると，農林漁業従事者→生産工程・労務作業者→販売従事者，事務従事者，専門的・技術的職業従事者とシフトしてきた様子がうかがえる．これは，産業構造の変動と密接に関係しており，ものづくりや生産工程に従事する職業が減少して，製品の付加価値を高めたりサービスを産出したりすることに貢献するホワイトカラー職種が増加してきたことを示している．先にふれたベルの議論でも，職業構造がブルーカラー優位からホワイトカラー優位，とりわけ専門・技術職の優位に移行することは，脱工業化社会の第 2 の要素として指摘されている．また，販売従事者の増加は，大量生産に対応した大量消費を担う営業・販売機能への需要の高まりによるものであり，事務従事者や管理的職業従事者は，組織の大規模化・複雑化にともなう事務処理の需要やマネジメント業務の増大に応じたものである．ただし，事務や管理の職種は，低成長期にはコスト削減，管理システムの見直し，間接部門の効率化などにより，縮小される可能性が高くなる．

　上記の点に加えて，サービス職業従事者の持続的な増加がみられることも今日の産業社会の重要な特徴である．サービス職業の内訳をみると，飲食物調理，接客・給仕，介護職員・ホームヘルパーといった職種が多くを占めているが，人びとの生活様式の変化，人口高齢化などの社会変化とともに多様なサービス需要が発生・拡大し，そうした需要を満たすには機械化ではなく人間によるきめ細かな対応が必要とされることがわかる．

3．日本型雇用システムの形成・普及・変容

(1) 日本型雇用システムの原型

　経済社会の変動および産業構造，職業構造の推移とともに，日本企業の典型的な雇用システム，人的資源管理はどのような特徴を示し，どのように変化してきたのか．ここでは，やや古い時代にまでさかのぼって考えてみたい．

「日本的」といわれる経営方式，雇用慣行や労使関係については，従来から諸説が論じられてきたが（石川，1980，pp.3-20），ここでは重化学工業化が進んだ，第1次世界大戦期から1920年代の企業組織の確立と雇用システムの形成を取り上げてみよう．この時期，活発な事業活動と経営規模の拡大にともなう労働者（熟練工・技能工）不足の深刻化，新技術・生産設備を導入した大企業における手工業的熟練の解体に直面して，主として2つの方策がとられた．1つは，従来の親方内部請負制を廃止し，労働者を直接雇用・管理する方式の採用，もう1つは，新しい技術・生産システムに適合的な技能をもつ労働者を企業内で育成する，企業内教育訓練制度の採用であった（宇田川，2007，p.215）．

以上のように，労働者の直傭制と企業内熟練形成が進むなかで，工場・事業所に人事労務担当セクションが新設され，日本型雇用システムの原型となる人事労務管理施策が導入されていった．それは次の4点に集約される（間，1989，宇田川，2007，p.216）．

① 「新卒」労働者の定期採用と社内教育・訓練の実施，終身雇用制の導入
② 直傭労働者の長期定着をはかる方策として，勤続または「年功」にもとづく定期昇給・昇進の制度化
③ 解雇手当・退職金の支給，福利厚生制度の充実
④ 労使の意思疎通をはかるための労働委員会や工場委員会の設置

これらの人事労務管理施策は，当時の先導的産業部門の大企業に典型的に導入されたもので，日本企業全体に普及したわけではないが，日本型雇用システムの原型として重要な意義をもっている．その後，第2次世界大戦時の統制経済のもとで民間企業の経営や雇用システムは変質していくが，戦後の経済復興をへて，高度経済成長期に日本型雇用システムとして再生し，大企業，中堅企業に広く普及していくことになったのである．

(2) 企業（職場）コミュニティの変容と再生

高度経済成長期に普及した日本企業の典型的な人的資源管理の要素として，終身雇用，年功制，手厚い福利厚生，企業別労働組合があげられ，それらを包

括する理念は「集団主義」や「共同生活体」と呼ばれてきた．かつては戦前の日本型雇用システムを特徴づける理念として「経営家族主義」が唱えられたが，家父長制的家族制度の終焉とともにその考え方は衰退し，代わって集団主義や共同生活体が打ち出されてきた（間，1989b, pp.19-22，尾高，1984，pp.65-87，津田，1977, pp.202-207, 247-254）．これらの理念が意味しているものは，企業や職場が事業目的を追求するだけでなく，人間が帰属する生活集団ともなっていることである．すなわち，「日本的経営は，経営者と労働者の社会関係が，構造的には封鎖性によって特徴づけられ，機能的には温情的・ゲマインシャフト的な感情的相互融合を実現していることによって特徴づけられる」（富永，1990, p.325）．

　高度経済成長期には重化学工業を中心とする急速な産業発展が進み，生産労働者への需要が拡大したが，その主な供給源となったのは地方や農村部の居住者であった．当時は，著しい人材不足のもとで中学卒や高校卒が「金の卵」ともてはやされ，都市部や工業地帯へ就職のために移動してきた．地方出身の新規学卒者を受け入れた企業は，寮や社宅を用意して従業員の生活環境を整え，福利厚生に配慮したり先輩社員がマンツーマンで面倒をみたりして，社会生活への導入態勢を整備することに力を入れた．すなわち，急速な都市化により地域コミュニティが十分に形成されていないため，企業が従業員を丸抱えして，生活保障の機能を担ったということができる．まさにこれが，集団主義や共同生活体と概念化される実態的背景であったと考えられる．

　その後，社会保障制度や勤労者財産形成制度の整備，持ち家取得の促進がなされ，人口移動が落ち着いて地域コミュニティの再生がはかられるとともに，従業員丸抱え型の福利厚生の見直しが徐々に行われ，とくに1990年代以降，コスト軽減のために寮や社宅の廃止が進められてきた．こうして，集団主義や共同生活体の基盤となった制度の廃止・スリム化がはかられてきたが，最近になって復活する動きもみられている．

　具体例をあげてみよう．総合商社の三井物産は2006年に独身寮を復活させ，

寮生全員で集団出社したり，寮対抗のスポーツ大会を開いたりしている．これは同社伝統のチーム力の復活を意図したものだという．また，人材ビジネスのベンチャー企業レイスでは，従業員の誕生日会を開いたり，「里親制度」を設けている．里親制度とは，新入社員に対して2～3年の先輩が兄や姉，3年以上が親という立場になって「擬似家族」をつくり，食事会，旅行，交換日記を1年間つづけるというものである．同社は，急成長の過程で組織の一体感が失われ，中途採用者が増えて社内コミュニケーションが行き届かなくなったり，短期の離職者が増大したため，悩みを相談できる関係をつくれるようにこうした対応をはじめたという（AERA, 2008, pp. 14-16）．

こうした取り組みは，後述する脱年功―能力主義化の進行により，職場集団における相互支援の関係が弱まってきたことに対し，職場の共同性を再生しようとする試みと位置づけることができる．

(3) 長期雇用の動向

くり返しになるが，一般的に日本型雇用システムの構成要素としてあげられるのは，長期雇用（いわゆる終身雇用），年功制，福利厚生，企業別労働組合である．ただし，重要なことは，これらの制度はすべての従業員を包含するものではなく，いわゆる正社員（正規雇用），とりわけ男性の基幹従業員だけに適用され，一般職の女性や非正社員（非正規雇用）は除外されてきたことである．これをふまえた上で長期雇用の変容のプロセスをみてみよう．

従来，日本企業の正社員の雇用関係が長期継続的で雇用保障がつよいことに対して「終身雇用」と呼ばれ，今日でもマスメディアや出版物でしばしばこの用語が用いられる．しかし，本章では，近年の雇用慣行に照らして，「長期安定雇用」または「長期継続雇用」という名称を用いることとする（間，1989b, p.201）．その理由は，第1に，人生80年の時代に60～65歳の定年では終身の意味をなさないこと，第2に，1970年代以降，数度の不況のたびに雇用調整が行われて，定年前の退職慣行が制度化されてきたことによるものである．

ここで長期安定雇用とは，新規学卒者（または既卒の若年者）を採用して，社

内で育成および処遇し，特別な事情のない限り定年までの雇用を保障しようとする労使の規範（またはつよい相互期待）を意味している．これは，「明文化された制度ではなく，あくまでも雇用慣行である」（間，1989, p.202）が，雇用保障に関する法的規制や労使交渉の圧力によって維持されてきた．

　先の定義からわかるように，長期安定雇用には規範的側面と実態的側面がある．まず，規範的側面をみると，林大樹は「終身雇用理念」について論じるなかで，第1次石油危機後の不況で経済成長の基調が低成長に転化したことと，労働力の高齢化，定年年齢の55歳から60歳への延長を避けられないと認識した経営者たちの間で，1970年代後半に終身雇用理念は動揺をはじめていたと指摘している（林，1999, p.16）．また，日本労働研究機構の「経営戦略の転換に伴う人事・処遇システムの変化に関する調査」（1998年11月～99年1月，常用雇用者100人以上の企業2,177社の回答による）の結果では，「終身雇用慣行」の将来について，一般職の場合62～67％，管理職の場合56％が「原則として，定年まで雇用する」と回答した．一方，「関連会社，子会社などに出向・転籍をすすめる」と「独立や転職が多いことを前提に人事労務管理を行う」は，あわせて一般職の場合26～31％，管理職の場合34％にとどまる．これは，景気悪化が著しい時期の調査結果だが，それでも定年までの雇用の意向が過半数を占め，長期安定雇用は当面維持される可能性が高いと推察できる．

　次に，実態的側面については，OECDの国際比較データを参照すれば，日本の勤労者の平均勤続年数は，アメリカ，イギリスなどのアングロサクソン系諸国に比べれば明らかに長く，ヨーロッパ大陸のドイツとほぼ同程度の年数となっている（OECD, 1993, Employment Outlook 1993）．ただ，この40年程度の変化を考えれば，2つの点が指摘できよう．第1に，先にふれた雇用形態の多様化と非正社員の増加により長期安定雇用が適用されない従業員層が拡大し，日本型雇用システムの比重が低下してきた．第2に，定年到達前の離職または社外移動を促進する施策が制度化され，労働政策においても雇用確保から「失業なき労働移動」へのシフトが進められた．

以上のように，長期安定雇用のシステムはまだ多くの大企業・中堅企業が維持しようとしているが，その維持が現実的には困難と考えたり雇用の流動化を進める企業もかなり出てきている．なかには，企業の雇用責任の放棄を主張する議論も出されている．この結果として，長期安定雇用の動揺や雇用の流動化が企業組織の統合や，勤労者の意識（企業帰属意識，勤労意欲）と生活の安定に影響を与えることが問題となっている．

(4) 処遇・報酬制度の変化——脱年功への展開

組織のなかで従業員（主に正社員）を位置づける際の原則を示すものが，処遇・報酬制度である．やや図式的な解釈になるが，戦後日本企業の処遇・報酬制度の確立に際して指導的な役割を果たしてきた楠田丘は，日本型人事の変化の過程を，生活主義・年齢給（1945〜60年）→年功主義・年功給（60〜75年）→能力主義・職能給（75〜90年）→能力主義＋成果主義・役割給（90年以降）という4段階に分けて説明している（楠田，1997，p.20）．この説によれば，企業の処遇・報酬の原理は，戦後，従業員の生活安定を第一とする「生活主義」の段階から，学歴・性別・勤続（または年齢）にもとづく「年功主義」をへて，職務遂行能力を基準とする「能力主義」へと推移してきたことがわかる．この変化は，高度経済成長の終焉，技術革新の進展，従業員構成の変化・多様化や企業間競争の激化に対応して，年齢や年功のような処遇原理をより合理的な職務遂行能力の原理におきかえようとしたものであった（田島，2003，p.78）．

これまで日本企業の処遇原理とみなされてきた年功には3つの意味があり，① 仕事における熟練度の向上と，② 企業に対する長期的貢献に加えて，③ 生計費に見合う生活保障（賃金）の意味も込められている（間，1989b，p.206）．通常，報酬は仕事の対価と考えられるから，①の意味で熟練の向上に対してより高い報酬を支払うのは合理的だが，②や③の性格が強くなると，生産性にリンクする報酬の意義が損なわれることになる．とくに技術の進歩・革新が著しい経営環境では熟練技能の陳腐化がすすみ，年功賃金の問題が生じやすい．

一方，能力主義は，1960年代後半に日経連（現・日本経団連）によって提唱

された．能力とは「企業目的達成のために貢献する職務遂行能力」のことで，「一般には体力・適性・知識・経験・性格・意欲の要素からなりたつ」とされる（日経連能力主義管理研究会，2001，p.55）．能力主義の処遇・報酬システムは職能資格制度として体系化され，職務遂行能力をベースに勤労者の全体像をとらえて，適材適所の配置・評価・処遇・育成をはかる仕組みとして導入されてきた．経営環境の変化にともなう危機意識のもとで，70年代から日本の企業社会に広く普及し，企業の人的資源管理と従業員の動機づけに貢献してきた．

　このように能力主義の理念と制度はすでに40年ほど前から導入されはじめ，1979年の調査結果（日本生産性本部『新たな雇用慣行の確立をめざして』1980年）でも，企業の経営者・管理職で年功制を修正するという意見が大勢を占めていることが報告されている（尾形，1980，p.59）．ところが，多くの企業で年功制は年齢・勤続にもとづく職場の序列として根づいて，労使双方にとって重要な規範的原理となっており，能力主義の制度を導入しても容易に修正できるものではなかった．あるいは，年功制と能力主義を折衷したような処遇方式が形成された．社会経済生産性本部の調査結果（社会経済生産性本部労使協議制常任委員会「産業構造変化への対応施策と労使関係のあり方に関する調査」1994年）によれば，「自社の賃金に対する認識」について，「制度は能力主義であるが，運用は年功的である」（会社46.6％，労働組合53.4％）が最も多くあげられている．この調査結果がいみじくも表しているように，職能資格制度や能力評価の基準は運用のしかたによって左右されやすい性格をもっている．このために多くの企業では能力主義の制度を導入しても，事実上は年功的な運用がなされてきたか，あるいは年功制の性格をつよく残しながら，部分的に能力評価による処遇や報酬が導入されてきたのが実態であった（尾形，1980，pp.72-74）．

　このようにして，1980年代まで年功制と能力主義を折衷した処遇・報酬方式が存続してきたが，90年前後からのグローバル経済化とバブル景気の崩壊による低成長を契機として，日本企業は脱年功へのもう一段の前進を迫られるようになった．林大樹によれば，「現在の日本企業は，利益の確保を至上命題

とし，そのために会社の体質，社員の意識および組織のあり方を改革し，とくに人事労務管理面では『業績や能力差を反映した給与体系』に向けての改革を必要と考えている」としている（林，1999, p.21）．その際，脱年功─能力主義化の方向性としては，「能力」と「成果（業績）」と「職務（仕事）」の3つの要素が考えられる（今野，1998）．90年代半ば以降の企業の取り組みを総括すると，① 能力主義の徹底（コンピテンシー評価の導入などによる評価基準の明確化）と処遇への反映，② 目標管理制度（MBO = Management By Objectives）と連動した成果や業績の評価と報酬への反映，③ ジョブ・サイズの設定による職務給の導入が，主要な動向であると考えられる．

　以上のような展開をへて，いろいろな試行錯誤や紆余曲折はあるものの，40年ほどの間に脱年功の動きが進んできたとみることができる．ただ，現在も成果主義の運用，とくに評価の公平性・納得性をめぐる従業員の不満は少なくく，様々な制度改定の取り組みが進められている．また，こうした動きは，企業経営をめぐる環境変化に対応するなかでもたらされたものであるが，それは同時に組織のあり方，企業と個人の関係の見直しにもつながることになる．以下では，その点にふれて，本章のまとめとしたい．

4．まとめ

　第2次世界大戦後の日本の経済社会において，従来のトレンドの延長線上では推し量れない非連続的変化がみられるようになった．第1の転機は，1970年代初頭における高度経済成長から安定成長への移行である．これは今日にいたる円高（為替相場の変動）の出発点であり，石油資源の高騰による地球資源の有限性の認識，耐久消費材の普及にともなう市場の成熟化などが顕在化してきた．大衆消費社会の到来とともに，日本経済は欧米先進国へのキャッチアップを達成し，企業は次なる課題に直面するようになった．たとえば，消費の成熟化に伴う画一大量生産から多品種少量生産への移行や，後発産業社会型の経営

スタイルから脱してトップランナー型のそれを模索することがあげられる．

第2の転機は，1990年前後の安定成長から低成長への移行である．一層の円高の後，バブル景気の崩壊から長期不況へ突入し，東西冷戦構造の解体とともに世界経済のグローバル化の段階を迎えることとなった．多くの企業は採算の悪い多角化事業を整理して，経営資源の「選択と集中」を進め，リストラクチャリング（事業の再構築）とリエンジニアリング（業務プロセスの刷新），新たなビジネスモデルの構築が主要な経営課題とされてきた．

戦後経済社会の転換と重なりながら進行してきたのは，脱工業化，サービス経済化または高度産業化と呼ばれる産業構造変化の進展である．この動きは勤労者の就業構造，職業構造の推移に端的に現れており，雇用者（サラリーマン）社会が普遍化し，製造業就業者の減少とサービス業就業者の増大，ホワイトカラー職種の優位がますます明白になってきた．こうした推移が意味するものは，産業の付加価値の源泉として無形の知識・技術・情報あるいはサービスが大きい比重を占めるようになってきたことであり，そのために不可欠の政策は，人的資本への投資を進め，勤労者の知識・技術・技能の蓄積と向上によるキャリア形成をはかることであるととらえられる．

一方，企業の人的資源管理においては，以上の経営環境変化と経営課題に柔軟に対応するために，いわゆる日本型雇用システムの再構築が求められてきた．長期安定雇用の慣行については基本的枠組みは維持されつつも，適用層（男子正社員）の縮小，雇用調整の制度化による部分的変容がなされ，処遇・報酬制度については，能力や成果・業績原理の拡大，職務基準の重視により年功原理からの脱却が一段と進められてきた．ただし，雇用システムの見直しは，企業（職場）コミュニティとも表現される共同体的な組織統合に変化をもたらすことになり，組織内のコンフリクトが顕在化して，従業員の定着率の低下やコミュニケーションの不全といった問題も拡大している．このため，一部の企業では企業コミュニティの再生をはかる取り組みもみられている．

一例をあげれば，大手電機メーカーの松下電器産業（現パナソニック）では，

1990年代末の人事制度の改革のなかで退職金前払い制度や成果給の導入を行い,「会社と社員の関係の変化」を強調した．かつての日本型雇用システムは包括的な組織と個人の統合を通じて,従業員の定着,組織への忠誠心や一体感,仕事への動機づけ,柔軟な人材配置・異動の効果を発揮していた．これに対し,近年の雇用システムの見直しは,組織忠誠心や人間的信頼関係による組織統合から,職業能力の発揮や組織的貢献とそれに対する報酬というギブ・アンド・テイク型の統合へ移行しはじめたように思われる（田島, 2003, pp.77-78）．こうした人的資源管理の展開がどのような影響や逆機能をもつかについて,今後の研究・検討が不可欠であろう．

なお,本章では十分に取り上げる余裕がないが,雇用システムをめぐる大きな変化として非正規雇用の急速な拡大があげられる．1990年代以降の企業経営におけるコスト抑制の動きを背景に,非正規社員の量的拡大と質的多様化（パートタイマー,アルバイト,契約社員,派遣社員,インデペンデント・コントラクター＝独立請負事業者など）が進展してきた．とくに労働者派遣業の原則自由化,「日雇い派遣」のような超短期の雇用形態の登場により,非正規雇用のなかでも,低所得で社会保険の適用もなくきわめて不安定な就業層が拡大してきたことが大きな社会問題となっている．2008年秋からの金融危機,世界同時不況にともない,輸出型製造業を中心とする急激な減産が雇用にも影をおとしており,派遣社員,期間従業員など非正規雇用の削減（雇い止め,契約解除など）が目立っている．この問題は,日本型雇用システムの影の部分として俎上にのせ,セーフティネットを再構築することが必要であろう．

参考文献

Abeggren, James C., 1958, *The Japanese Factory: Aspects of Its Social Organization*, Massachusetts Institute of Technology.（占部都美訳『日本の経営』ダイヤモンド社　1958年）

『AERA』第21巻23号　朝日新聞出版社　2008年

Bell, Daniel, 1973, *The Coming of Post-Industrial Society*, Basic Books.（内田忠夫

他訳『脱工業社会の到来（上・下）』ダイヤモンド社　1975年）
Drucker, Peter F., 1969, *The Age of Discontinuity*, William Heinemann Ltd.（林雄二郎訳『断絶の時代―来るべき知識社会の構想―』ダイヤモンド社　1969年）
林　大樹「人事労務管理の動向と企業の選択」石川晃弘・田島博実編著（1999）『変わる組織と職業生活』学文社
間　宏（1989a）『日本的経営の系譜』文眞堂（原著1963年）
間　宏（1989b）『経営社会学』有斐閣
今野浩一郎（1998）『勝ちぬく賃金改革』日本経済新聞社
稲上　毅・川喜多喬編（1999）『講座社会学6　労働』東京大学出版会
石川晃弘「「日本的経営」をどうとらえるか」安藤喜久雄・石川晃弘編（1980）『日本的経営の転機』有斐閣
石川晃弘・田島博実編著（1999）『変わる組織と職業生活』学文社
橘川武郎「経済成長と日本型企業経営」宮本又郎・阿部武司・宇田川勝・沢井実・橘川武郎（2007）『日本経営史［新版］―江戸時代から21世紀へ』有斐閣
北川隆吉編（1999）『講座社会学5　産業』東京大学出版会
小浜裕久・渡辺真知子（1996）『戦後日本経済の50年』日本評論社
楠田　丘（1997）『成果主義賃金』経営書院
宮本又郎・阿部武司・宇田川勝・沢井実・橘川武郎（2007）『日本経営史［新版］―江戸時代から21世紀へ』有斐閣
水野和夫（2008）『金融大崩壊「アメリカ金融帝国」の終焉』NHK出版
日経連能力主義管理研究会（2001）『能力主義管理―その理論と実践（新装第1刷）』日経連出版部
日本労働研究機構（1999）『新世紀に向けての日本的雇用慣行の変化と展望』
尾高邦雄（1984）『日本的経営』中央公論社
尾形隆彰「終身雇用と年功制のゆくえ」安藤喜久雄・石川晃弘編（1980）『日本的経営の転機』有斐閣
総務省統計局（2007）『平成17年国勢調査　抽出速報集計結果』
田島博実「産業社会」井上眞理子・佐々木嬉代三・田島博実・時井聰・山本努編著（2003）『社会病理学講座2　欲望社会―マクロ社会の病理』学文社
富永健一（1990）『日本の近代化と社会変動』講談社
富永健一（1996）『近代化の理論』講談社
津田眞澂（1977）『日本的経営の論理』中央経済社
宇田川勝「近代経営の展開」宮本又郎・阿部武司・宇田川勝・沢井実・橘川武郎（2007）『日本経営史［新版］―江戸時代から21世紀へ』有斐閣

第3章

現代企業の組織改革

　本章では，社会学における官僚制組織論のパースペクティブにもとづいて，現代の日本企業がかかえる組織問題をとらえ，そうした問題への対応として組織改革が行われてきた意義と効果，今後の課題について具体的に考察する．まず，企業組織を考察するための基本的フレームワークとして，官僚制組織論の主な論点——官僚制の機能と逆機能——を整理した上で，高度経済成長が終焉した1980年代以降の時期に焦点をあてて，日本企業における組織問題の発生と組織改革（とくにフラット化）の取り組みについて検討したい．代表的な企業のケーススタディを通じて，社会学の組織研究で究明されてきた論点を具体的なレベルで考えることを，ねらいとしている．

1．組織問題をとらえるフレームワーク——官僚制組織論

　近代以降の産業社会の特徴の1つは大規模な組織の発達であり，こうした組織の存在が勤労者の働き方や生活に大きい影響をもたらしてきた．社会学や経営学において組織という存在をとらえるために様々な理論，学説が唱えられてきたが，近代産業社会のなかでもとくに大量生産システムの草創期に，大規模組織の性格を「官僚制（bureaucracy）」と看破したのは，いうまでもなくウェ

ーバー（Weber, M）であった．

（1） ウェーバーの官僚制論

　ウェーバーの官僚制論では，技術的な合理性・卓越性をそなえた近代的な組織のイメージが描かれており，規則で定められた権利・義務のもとで，資格をもつ職員によって厳格に職務が遂行される組織のすがたが見出される．ウェーバーは近代官僚制に特有な機能様式，すなわち組織的特質について，以下の点を指摘している（Weber, 訳1971, 302-304）．

① 規則（法規または行政規則）によって一般化され系統づけられた，明確な権限の原則がある．

② 組織目的のために必要な規則的活動が，職務上の義務として明確に配分され，義務の履行に必要な命令権力とそのための強制手段，計画的配慮が定められている．

③ 官職階層制および審級制の原則として，相互の関係が明確に系統づけられた上下関係の体系がある．

④ 近代的な職務執行は，保管される書類（文書）にもとづき各種の下僚や書記のスタッフによって行われ，事務所と私宅を原則的にきりはなし，職務活動を私生活の領域から区別する．

⑤ 職務活動の遂行は，徹底した専門的訓練を前提とする．

　ここで描かれているのは，一般的な規則による統制，権限および義務の規定と実行プロセスの明確化，職務の階層性，文書主義の原則，職務活動と私生活の分離，専門的訓練の重視といった特徴である．ウェーバーの官僚制概念は官庁の組織を念頭においてつくられているが（富永，1997, p.154），民間の資本主義的経営体にも適用される諸原則であるととらえられている．

　ウェーバーによれば，官僚制組織が普及してきた理由は，その技術的卓越性にある．それは，「精確さ，迅速さ，明確さ，文書についての精通，持続性，慎重さ，統一性，厳格な従属，摩擦の除去，物的および人的な費用の節約」という表現で表わされる．ここで重要な点は，「計算可能な規則」にしたがって

「没主観的」な事務処理が行われ，純個人的・非合理的な「計算できない感情的要素を公務の処理からしめだす」ということである（Weber，訳1971，324-326）．

以上のような組織の性格から，職員の地位に関する特性がつくり出される．職務につくことは，安定した生活を与えられるのと引きかえに「特殊な職務誠実義務」を引き受けることである．近代的な職務誠実の意義は，ある人物に対する関係におけるものではなく，「非人格的な没主観的目的」にむけられていることにある．職員の地位の法的保障は，「個人的な考慮に左右されることなく，厳密に没主観的に当該の特殊な職責をまっとうする」ことを目的としている（Weber，訳1971，pp.305-309）．

この官僚制組織における「秩序の基礎」として，「規範や行政規則を遵守しようとする人間の態度」がとくに強調される（Weber，訳1971，p.342）．すなわち，官僚制組織の主要な機能は，定められた規則，権限と義務，階層的序列という機構のなかで職員の態度・行動を統制することにある．この統制メカニズムは，職員の地位保障や専門的訓練を通じて，職務誠実義務を個々の職員に内面化し，規則遵守を第一とする規律が形成されて，職業人の態度として浸透していくと考えられる．

しかし，官僚制組織には重大な問題もひそんでおり，ウェーバーは「民主的」潮流との関連でこれを指摘している．「具体的なケースと具体的な人物に志向した実質的『正義』への要請は，官僚制的行政の形式主義および規則にしばられた冷酷な『没主観性』と衝突するのは避けがたいこと」であるという（Weber，訳1971，p.332）．このような一般的公式的な規則の遵守は，具体的個別性の尊重という民主的要求と衝突せざるをえないという問題は，民間企業の活動との関係でとくに大きい論点になるので，次の官僚制の逆機能の議論と関連づけてさらに検討することにしよう．

(2) 官僚制の機能と逆機能

アメリカの機能主義社会学を代表する研究者の一人であるマートン（Merton，

Robert K.) は，ウェーバーの議論を発展させて，官僚制の機能と逆機能について論じている．

マートンによれば，合理的に組織されたフォーマルな社会構造においては，一連の行為が組織目的と機能的に結びついており，他者の行動の予測可能性を高め，確実な相互期待を生み出す．これにより，相互作用が容易になるとともに，手続きにかかわる客観性が増し，職員の行動が統制される．官僚制組織のもっとも重要な長所は技術的能率にあり，その構造は，個人的関係や非合理的配慮を完全に排除したものに近いととらえられる（Merton, 1968, pp. 249-250）．

しかし，官僚制組織は高度の技術的能率を備えているとする反面，無視できない消極面や欠陥があることも指摘されてきた．

第1に，「人の能力がかえって不十分さまたは弱点として作用するような事態」である．すなわち，訓練と技能によってうまく行われていた行為でも，技能の発揮において柔軟性が欠けていると，変化した状況や環境のもとでは不適当な反応という結果をもたらすことがあり，これはヴェブレンの用語を借りて「訓練された無能力」といわれる（Merton, 1968, p. 252）．

第2に，官僚制組織の円滑な運営のために，職員が規律に服することの圧力が加えられ，「義務に対する献身，権威と力量の限界についての鋭い感覚，規定どおりの活動の規則正しい実行が生じてくる」．ところが，規律の強調によって，組織の目的から，規則上求められる行動のディテールへと心情の転移を引きおこし，手段が自己目的化する．これは「目標の転移」といわれる．すなわち，「規律とは，いかなる状況であろうとも，規定に従うことであると簡単に解釈され」る結果，「融通のなさ，順応性の欠如とともに，形式主義，儀礼主義が生じ，最終的には，規則への同調という主要な関心が，組織の目標達成を妨げるようになる」（Merton, 1968, pp. 252-253）．

さらにマートンは，官僚制組織の逆機能は組織の構造的原因から生み出されるとして，次の点を指摘している（Merton, 1968, pp. 254-256）．

① 昇進，昇給，年金などの組織的装置は，規律の訓練および規則への同調

のインセンティブとしてつくられているが，これらの装置が，規定への厳格な執着に対して過大な関心をもたせる．
② 職員は専門技術にプライドをもっているため，定められた仕事の手順の変更に対する抵抗が生じる．
③ 特定の職業や組織では「神聖化の過程」が生じて，職員の心情の形成，組織の象徴と地位に対する情緒的依存，権力と権威のなかでの感情的かかわりあいを通じて，道徳的正当性の態度をともなった特権が発達してくる．
④ 公衆や顧客とのかかわりに際し，「人間関係の非人格化」の強調，一般的抽象的規則の支配による「範疇化の傾向」を通じて葛藤が生み出される．職員が人格的な関係を最小限にして「範疇化」に頼ろうとすると，個々のケースがもつ特殊性が無視されたり，顧客から「横柄」「ごう慢」と感じられたりする．

以上のマートンの議論をまとめると，官僚制組織の逆機能の要点は，① 規則遵守という手段が自己目的化し，より上位の基本的な組織目標が見失われる，② 一般的抽象的規則の適用により個別事例性が軽視される，③ 柔軟性の欠如により組織をめぐる環境条件との不適合が生じる，という命題に集約できる．これらの逆機能現象の構造的要因は，組織の技術的能率を最大化しようとする官僚制の基本原理に求められる．すなわち，官僚制組織は業務の処理を合理的効率的に進めるための手段的装置として整備され，その具体的方法として一般的抽象的規則の支配，職務の階層性と権限・義務による統制，人間関係の非人格化，専門性の尊重などの原則がつくられてきた．ところが，それらが厳格な規律となって職員の内面的態度に浸透し，規則遵守を第一とする行動様式が形成されるにいたり，より重要な基本的組織目標が阻害される結果をもたらす．後にとりあげる民間企業の組織問題という点では，顧客や市場との関係における問題の発生がとくに重大な課題となってくる．

さらに，マートンの後も，ブラウ，グルドナー，セルズニックら何人もの社

会学者によって，官僚制組織の機能や動態化をめぐる研究が進められてきた．ここでは十分にふれる余裕がないが，とくにブラウは，官僚制は必ずしも固定的な構造ではなく，つねに新しい形をとっていくことや，状況の変化に対応するなかで組織成員は新しい方法を考え，社会関係を変更し，組織構造を修正する可能性があることを論じている．それに関連し，組織成員の態度を左右する構造的要因として，奨励制度（インセンティブ・システム）の存在や，上級者と部下との関係のあり方が指摘されていることが注目される（Blau, 訳1958, pp. 60, 101-103）．

2．日本企業における組織問題

（1） 日本企業の近代化と組織の発展

ウェーバーの官僚制論は，今から100年ほど前の西洋社会の現実から生まれたものだが，当時の20世紀初頭のアメリカは産業文明の勃興期にあり，フォード（Ford, H.）による大量生産システムの導入や，テイラー（Taylor, Frederic W.）による科学的管理法（scientific management）の提唱がなされていた．大規模組織における官僚制の発達は，こうした民間企業による経営の合理化，とくに工場の経営管理システムの確立と軌を一にして進められてきたものである．

一方，後発産業国の日本でも，20世紀初頭から第1次世界大戦期における企業の合併・集中，重化学工業化の進展にともない，階層的管理機構をそなえた近代的な企業組織（職能部門別組織など）が形成され，企業の意思決定や財貨の流れの調整・監視活動が専門経営者によって遂行されるようになってきた（宇田川，2007, p. 211）．その後，第2次大戦後の復興期から高度経済成長期にも，主にアメリカから経営管理の諸技法が導入され，事業部制，プロジェクト・チーム，マトリクス組織などが次々と紹介されてきた（橘川武郎，2007, p. 364）．

(2) 日本企業における組織問題

しかし，日本の場合，官僚制組織の問題は，必ずしも欧米のそれと同様の展開をみせたわけではなかったと考えられる．岡本康雄は，日本の経営組織の基本的構成単位は，職能あるいは職務ではなく特殊な職場集団であるとし，「多種の職場集団間の特殊な相互関係」として日本の経営組織の動きをとらえている（岡本，1976，p.110）．こうした集団主義的特性をもつ組織であれば，欧米のような職務中心主義的性格の組織とは異なる展開がみられたと考えられる．

この点について，間宏は，① 日本の経営組織でも職務に似た業務の単位は古くからあったが，明確な形になっていなかった，② 戦後，アメリカ経営学の影響で職務・権限の明確化の必要性が強調され，形式的には職務規定の明確化がはかられてきた，③ 日本では業務遂行上の実質的な単位がしばしば職場集団におかれ，「職場のメンバーは，各人に割り当てられた職務にこだわらず，同僚との間の互助関係により，職場全体の業務を遂行してきた」と論じている（間，1997，p.174）．この結果，「個人主義や没人間主義への抵抗が強かった日本では，欧米と全く同じ形の官僚制は……徹底しにくかった」（間，1997，p.172）とされ，厳格な官僚制組織がもたらす合理化・効率化にともなう諸問題をかなり回避することができたとも考えられる．こうした点は，現代の代表的理論家であるギデンズも，日本企業は欧米のそれに比べて「民主的」であり，官僚制モデルとは実質的にかなり異なっているとし，従業員の意見を活かしたボトムアップの意思決定方式や，企業忠誠心を高揚させる努力，作業チームの重視などの傾向を指摘している（Giddens，訳1997，pp.295-296）．

といっても，日本企業の経営組織に問題が生じなかったわけではない．集団主義的組織運営は肯定と否定の両面から論じられてきたが，高度経済成長後の1970年代半ばからとくに問題点の指摘が目立ってきた．すなわち，日本の経営組織における「集団主義的属性」および「部門主義的性向」は，「小回りのきかない，機動性にとぼしい，硬直的な組織特性」と結びつくようになり，次のような組織問題が生み出されてきたといわれる（岡本，1976，p.192-194）．

① 縦割型の部門主義が，閉鎖的な自己充足的単位として肥大化し，人，物，資金，権限，情報を部門内にかかえこもうとする．

② 経営規模の拡大と年功序列人事による管理職位の増大により，管理職層が冗長化し，意思決定に要する時間が長くなる．

③ メンバーは部門内の縦の動きに強い関心をもつが，部門間・部門内の横の協働関係が停滞しがちになり，情報が円滑に流れず，水平的な連係——協働作業がうまく進まなくなる．

このような集団主義的特性をもつ日本の企業組織の問題は，しばしば「大企業病」と形容される．この問題にはいくつかの要素があり，組織メンバーが所属する部門・職場の利害を第一に優先して行動しがちになる，いわゆるセクショナリズムの弊害や，組織の管理機構の肥大化による情報伝達の歪みや意思決定の非効率化，組織メンバーの協働関係の不全などが指摘されてきた．

(3) 日本企業の組織問題への対応

以上の問題に対応して，いろいろな形で企業組織の見直しが行われ，1990年代に入るとかなり多くの企業で組織改革が展開されるようになってきた．やや古いデータだが，93年の「雇用管理調査」（労働省）によれば，今後の組織編成の方針について，「従来どおりピラミッド型の組織を維持」と回答した企業は34.3％にとどまり，「部課の統合等，組織の簡素化」(34.1％)，「プロジェクトチーム，社内ベンチャーなどの横断的集団作り」(24.1％)，「事業部制の導入又は拡充・整備」(24.1％)といった，多様な組織改革の取り組みがあげられている．とくに5,000人以上の大企業では，「従来どおりピラミッド型の組織を維持」は9.9％と少なく，「部課の統合等，組織の簡素化」(72.5％)が目立っている．このように90年代の低成長経済のもとで，高階層の組織を改めて，組織の簡素化，フラット化や動態化を進める動きが活発になっている様子がうかがえる．

こうした動きについて奥林康司は，伝統的な日本的経営の組織構造が根本的に変化しているとし，それを「フラット型組織」というコンセプトに集約して

いる．すなわち，「1990年代の不況の中で，多くの企業は組織改革を行い，経営効率を高め，企業の競争力を回復させようとした」が，「その主要な1つの方向が管理組織の階層を短くする『フラット化』であった」ということである（奥林，2004，p.2）．さらに奥林は，トヨタ自動車の組織改革の事例を考察しながら，フラット型組織をめざす企業は意思決定の迅速化を志向しており，そこでは今日の流動的な市場に適合した新製品の開発・生産に対応できる生産システムと組織構造が必要とされ，フラット型組織では権限が現場に委譲され，従業員が自律的に意思決定できることが要請されると論じている（奥林，2004，pp.14-15）．

また，フラット型組織の1つの形態としてプロジェクト・チームも位置づけられている．三輪卓巳によれば，プロジェクト・チームとは，「特定の企画・計画の達成，課題の解決を目的として一定の期間を設けてつくられ，主にノン・ルーチンの仕事に従事し，それに対する一定範囲の権限を与えられて自律的に活動する組織」と定義される．このプロジェクト・チームの特性は，第1にメンバーが複数の職能をもち多様であり，第2にルールや手続き，階層が少なく自由な試行錯誤や行いやすく，第3にメンバーのコミットメントが強いことにあると指摘されており，創造性，組織的学習，機動力という面で有意義な組織であると評価されている（三輪，2004，pp.130-131）．

ここで，本節の議論をまとめておこう．日本でも重化学工業化とともに大規模な企業が発展し，組織体制が整備されて官僚制的な階層構造が形成されてきた．ただ，官僚制のような組織形態が導入されても，業務運営のしかたは欧米のような職務中心主義とは異なり，職場集団の協働にもとづいて比較的柔軟な運営が行われてきた．ところが，高度経済成長の終焉および組織拡大の鈍化とともに，「大企業病」と呼ばれる組織問題が拡大して，多くの企業がその対応に迫られるようになった．この問題は，職務規定があいまいで個人への職務の配分が弾力的に行われる一方で，階層的組織の上下関係や権限が浸透するようになり，組織運営の硬直化，非効率化あるいは協働の停滞が進行してくるもの

で，いわば「日本型の官僚制の逆機能」とみなすことができる．これに対して，1980年代以降，様々な組織改革の実践が試みられてきたが，その代表的な方向性が組織のフラット化としてとらえられている．

以下では，代表的な日本企業の事例を参照しながら組織改革の取り組みがもつ意義を検討し，日本型の官僚制組織問題の含意を考えてみたい．

3．組織改革（1）組織のフラット化

ここでは，代表的な企業の具体例を取り上げて，日本企業がどのような環境変化や経営課題のもとで，どのような組織改革を行い，それがどういう意義や効果あるいは課題をもっていたかを明らかにしてみよう．

まず，グローバルな事業展開をしている代表的メーカーである，トヨタ自動車の1980年代以降の組織改革に焦点をあててみる．

（1） 組織改革の背景

自動車産業は，1980年代に入り日本国内の自動車市場が成熟化するにつれて，海外市場の開拓，海外生産の拡大が不可欠の課題となってきた．とくに85年の急激な円高を契機として，トヨタ自動車は売上高の伸びの鈍化，収益力の著しい低下に直面し，経営戦略の転換のなかで「国内生産体制の再構築と組織改革」に取り組むこととなった．86年に「円高緊急対策委員会」が設置され，「新たな減量経営」のスローガンのもとで，ヒト・モノ・カネのすべてにわたり業務の見直しや経費削減を徹底することが決められた．こうした方針にもとづき，国内基盤の強化のための方策として，以下の3つが定められた．

① 販売力の強化と製品の多様化・高級化戦略

② 柔軟な生産体制，すなわち需要変動に柔軟に対応できる企業体質づくり

③ フラットでフレキシブルな組織構造の確立

本章で取り上げる組織のフラット化の取り組みは，③の方策に位置づけられるもので，肥大化した間接部門における業務の改革をめざして，1989年に実

施された「事務・技術部門の組織改革」である．

(2) 組織改革の目的

トヨタ自動車は1980年代前半からオフィス業務の生産性向上運動に取り組んできたが，当時から事務・技術部門の課題として次の点が意識されていた（藤田，1999，pp.158-159）．

① 意思決定の迅速化，すなわち組織の肥大化と管理者の増大により複層化した意思決定（決裁）ルートの短縮
② 国際化，多角化など新たな経営戦略上の課題に対応するための，創造性を発揮できる組織風土の確立
③ 増大する中高年社員を効率的に活用できる組織づくり

これらに加えて，直接的な組織改革の契機となったのは，「大企業病の兆候」とみられる出来事が起こったことである．それは，① 社長へのクレームの手紙（社員が外部に対して偉そうにしている），② 欠陥車リコールの届出遅れ（組織内のコミュニケーション・風通しが悪い，悪いニュースが上に伝わってこない），③ アフリカ向け仕様車の発注の遅延（社内の連絡と意思決定に時間がかかる）という3点である（西田，1990，pp.13-16）．

以上のように，1980年代当時の事務・技術部門における課題として，迅速かつ円滑な意思決定の促進や創造的な組織風土の形成が重視されていたことに加え，そこに大企業病現象とみられる事件が起こったことが，組織のフラット化への動きを進めさせるにいたった．

(3) 組織改革の内容

組織改革の対象となったのは，工場を除く事務部門と技術（研究開発）部門で，全社員6万人のうち約2万人である．具体的な組織の見直しの内容は，① 階層構造のフラット化（ピラミッド型からフラット型組織へ），② セクションの柔構造化，③ 内部構造の大ぐくり化に集約される．この概要を以下に整理しておこう．

〈組織のフラット化と柔構造化〉

改革の内容の第1は，組織全体のかたちが，背の高いピラミッド型の組織から背の低いフラットな形態に変わったことである．これは管理階層の短縮を意味しており，部長・副部長—次長—課長・副課長—係長という6階層から，部長—室長—グループ・リーダーという3階層（部分的には部長—グループ・リーダーの2階層）に変更された．この改革は，管理階層の短縮だけでなく，課・係が室・グループに変わった点が重要である．従来の「課・係」が固定的なセクションであったのに対し，「室・グループ」は必要に応じて再編成できる組織単位であることを意味しており，恒常的な組織単位から，いつでも再編成できる可変的なものに「柔構造化」された．とくにグループは，部長の判断により，仕事の変化や負荷に応じて1カ月単位で新設・廃止・再編成できるものと位置づけられた．以上のように，この組織改革の第1の意義は，組織の管理や情報伝達のルートの短縮とともに，組織編成の柔構造化にある（西田，1990，pp. 5-9，藤田，1999，p. 159）．

〈内部構造の大ぐくり化〉

改革の内容の第2は，部の内部構造を変更し，細分化されていたものを大ぐくりにしたことである．具体的には，改革前は1つの部が平均4.4課で構成されていたのが，改革後は平均2.4室になり，人員では1課平均26人から1室平均47人になった．これは，以前の課長や係長が担当していた業務範囲や部下の人数よりも，改革後の室長やグループ・リーダーのそれらが大きく拡大・増大したことを意味している．すなわち，内部構造の大ぐくり化とは，マネージャーの業務管理の範囲（スパン・オブ・コントロール）を拡大する取り組みということができる（西田，1990，pp. 10-12，140）．

以上にみてきたトヨタ自動車の組織改革の内容を図示したものが，図表3—1である．これによれば，従来の組織の6階層が，改革後は3階層にフラット化され，組織内が細分化された形から大ぐくりになったことがわかる．マネージャーの管理範囲の拡大は通常，業務上の負担増大につながる可能性がある

図表3-1　トヨタ自動車の組織改革

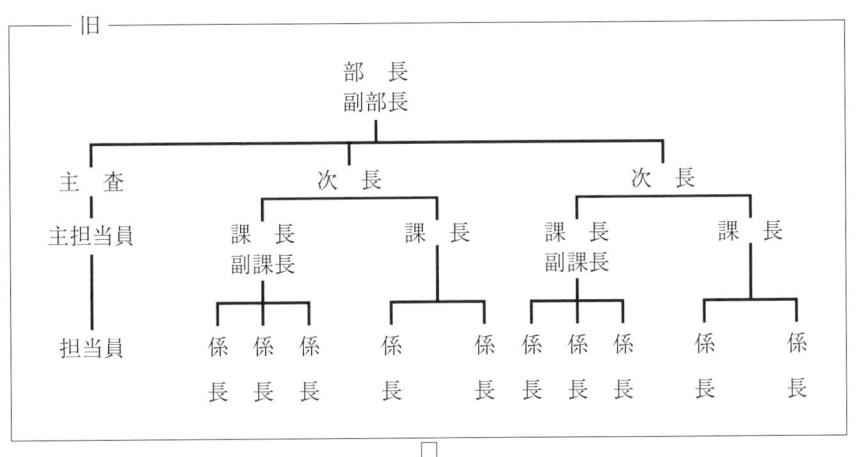

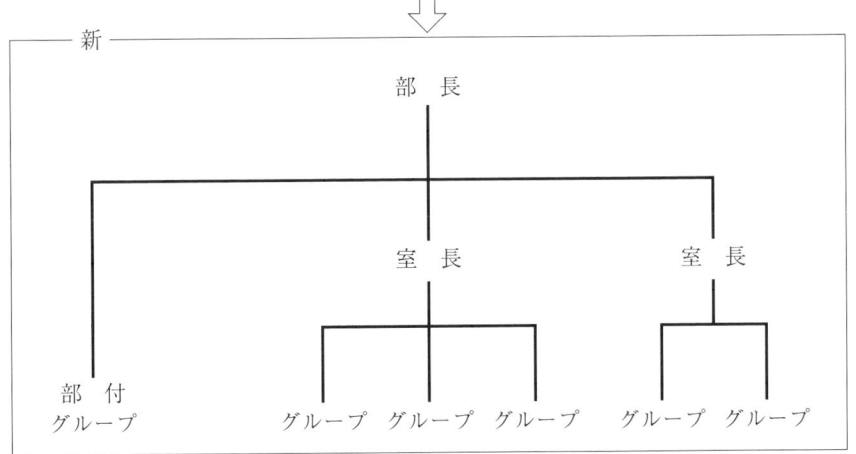

```
─ 旧 ─────────────────────────────
                    部　長
                    副部長
        ┌─────────┼─────────┐
      主　査      次　長        次　長
      主担当員   ┌──┴──┐    ┌──┴──┐
               課長    課長   課長    課長
               副課長         副課長
      担当員   ┌┼┐  ┌─┐  ┌┬┐  ┌─┐
               係係係 係 係  係係係  係 係
               長長長 長 長  長長長  長 長
```

⇩

```
─ 新 ─────────────────────────────
                    部　長
        ┌───────────┼───────────┐
                   室　長        室　長
      部付      ┌──┼──┐     ┌──┴──┐
      グループ  グ   グ   グ    グ    グ
               ル   ル   ル    ル    ル
               ー   ー   ー    ー    ー
               プ   プ   プ    プ    プ
```

出所）井上悦次「トヨタのフラット化組織改革について」『組織科学』第27巻第4号　1994年6月　p.67

が，この事例では，部下への権限委譲を進めることで負担増が回避され，むしろ部下の裁量の範囲の拡大や責任感の向上をもたらしている．

〈関連する改革事項〉

次に，組織改革に付随して，あるいは組織改革の目的をまっとうするために

実行された重要な事項について示しておこう.

1) さん付け運動

課長, 係長から室長, グループ・リーダーへという管理職呼称の変更にともない, 社内での名前の呼び方を「○○課長」から「○○さん」に変えるという,「さん付け運動」が進められた. これは, 当時の組織改革により事務・技術系の管理職数が約 6,200 人から約 2,100 人に減少したことを受け, 管理職から外れた社員の専門能力を活かす雰囲気づくりのために行われたものである. 日本の組織では役職名称がステータス称号の性格をもちやすいため, 役職の変更がモラール低下につながらないように, 名前の呼び方を変更してステータス性を希薄化するように実施された. いわば,「役職の機能化」をめざした運動といえる (西田, 1990, pp.42-44, 藤田, 1999, p.159).

2)「ハンコ3つ」運動

前述の大企業病の兆候であげた, アフリカ向け仕様車の発注遅延の事例では, 営業担当の社員がアフリカ向けの車を発注した際に, 購買, 生産, 物流など各部門にそれぞれ書類を回して, 責任者の承認の印を 12 個ももらわねばならず, これに多くの手間とエネルギーを消耗したという. このため, 管理階層の短縮にともない, 決裁に必要な印の数を 3 つに減らすという対応がとられ, 敏速な意思決定ができるようになった (西田, 1990, p.15-16, 奥林, 2004, p.11).

(4) その後の組織改革の展開

1989 年の事務・技術部門のフラット化の後, トヨタ自動車は 90 年代前半に, 役員室のフラット化, 商品・研究開発部門の組織再編成 (自律的に機能する完結した組織である「開発センター制」の導入), 事務部門の業務改革運動 (Business Reform 93) と, 次々に組織や業務の見直しに取り組んでいった (藤田, 1999, pp.159-162). こうした改革をへて, 97 年には新車開発を目的とするプロジェクト・チーム, VVC (ヴァーチャル・ベンチャー・カンパニー) が設立された. これにより, トヨタ本体とは別の組織として, 若手の設計担当者やデザ

イナーを参加させた開発チームを編成し，従来は手薄であった若者向けの新車の開発に取り組んでいった．この取り組みは，既存の組織風土からの脱却をも意味するものであった．

4．組織改革 (2) プロジェクト・チームの活用

次に，化学品業界，とくに家庭用品，化粧品の大手メーカーである，花王の組織改革の取り組みについて考察してみよう．同社も，独自の組織観と組織戦略をもっていることで有名である．

(1) 組織改革の背景

1980年代以降の経営環境の変化について，花王は市場の成熟化，ニーズの個性化，消費者の高齢化，高度情報化・技術革新の進展をあげている．とくに市場の成熟化は業界全体の売上げの伸びの低下を意味し，それだけ企業間競争が激化して新製品の開発競争がきびしくなる．同社は製品開発における優位性の確保のために，①きめ細かな市場調査による消費者情報の獲得と，②社内シーズと消費者ニーズ（市場情報）との迅速なドッキングを重視してきた．すなわち，市場の成熟化が進んだ経営環境では，消費者の特徴や志向性をとらえて，シーズとニーズとのマッチング（研究・技術開発とマーケティングの融合）をはかることが競争優位の要点である，というのが同社の製品開発戦略である．

こうした花王の経営を支える理念について，同社発展の礎を築いた経営者・丸田芳郎は，「花王の経営哲学の1つは徹底的に消費者に奉仕すること」で，そのために「クリエイティビティを非常に大事にし，その中からイノベーション（革新）を起こして消費者に奉仕する」と論じている．彼はそのための仕組みとして，「トータル・クリエイティブ・リボリューション」という構想を打ち出した．これは，従来はマーケティング，販売，研究開発など機能別に縦割りに分かれていたものをコンピュータと通信によって1つに統合して，「あたかも一人の生体が動くがごとくに機能するように，会社の組織を切り替え」る

ことを意味している（丸田，1992, pp.134-135）．

(2) 組織に対する考え方

上述の経営哲学の具体的展開として，花王は，経営環境変化に対応した製品開発戦略を実行に移すために，次のような組織に対する方針をもっている．

① 組織は市場志向，顧客志向を基本とする．
② 組織は情報に敏感になり，情報を社内で共有化する．
③ 組織運営をできるだけ柔軟にすることを重視し，そのための社風づくりを進める．
④ トップが考えや夢を語り，組織の求心力をもたせる．

以上のような同社の考え方をまとめると，製品開発戦略を展開するうえで，市場や顧客の志向性に密着して社内で情報を共有化することが不可欠であり，そのためには組織の求心力を保ちながら，柔軟な組織運営を進めることが重要であるととらえられる．そこで，同社の組織運営の基本的考え方を示すと，次の5点に要約される．

① 生体機能的な組織運営
② 情報の交流・共有
③ セルフ・マネジメント
④ チームワーク
⑤ 権威主義的マネジメントの払拭

①の「生体機能的な組織運営」は，先の丸田の論述にもあるとおり，同社の組織観の基本をなしている．これは，「クイック・レスポンス，クイック・アクション（市場の動きにすばやく反応し，行動をおこすこと）」の原則ともいえるものであり，そのときどきの状況に最もふさわしい布陣をしき組織編成を行うことを示している．実際，同社では組織の変更や人事異動がきわめて頻繁に行われている．③の「セルフ・マネジメント」は従業員の日々の働き方に密接に関係しており，フレックスタイム制（研究開発）や直行直帰制（営業）のような自由裁量度の高いワークスタイルを表している．⑤の「権威主義的マネジ

メントの払拭」は，マネージャーの姿勢として，自分のデスクで部下からの報告を待っているようなスタイルを否定し，自ら動いて情報をとりにいく行動をとるべきことを示している．

(3) 組織改革の取り組み：プロジェクト・チームの活用

花王は，かつて1970年代の丸田社長の時代に，研究室の間仕切りを取り払い「研究グループ制」（大部屋方式）を導入した．「研究員は部屋に閉じこもっていては，いい発想は生まれないし，いい研究もできない」という考え方のもとに，この方式により，複数の科学や技術の学際的研究，異質な研究分野の融合に取り組み，新製品の開発につなげるという実績を残してきた（今村，2008, p.57）．以上の例も細分化された研究室の形態を見直した組織改革の成果だが，同社の生体機能的組織運営の戦略を代表する取り組みが，プロジェクト・チームの活用である．

同社はプロジェクト・チームこそが組織活性化の基本であると考え，その組織運営の特徴を次のようにとらえている．

① 組織の目的が明確になっている．

② 目的達成に必要なメンバーだけを集めている．

　　社長がプロジェクトの課題，テーマとリーダーを決定し，他のメンバーについては，リーダーが適した人材を社内の各部署から選抜する．メンバーは所属部署との兼務になることが多い．

③ 参加メンバーは社内の認知・承認が得られる．

　　プロジェクト・チームの発足は社内に公示され，全社員に認知される．発足後も，活動状況が社内報に紹介されたり，成果の発表会が開かれたりして，参加メンバーには非常に名誉なことと感じられる．

④ 参加メンバーの人事上の処遇・評価につながる．

　　上司の業績評定のなかにはプロジェクト・リーダーの評価も含まれるので，参加メンバーは全員がプラスの評価を得られる．この評価は賞与に反映される他，個人表彰，グループ表彰の機会もある．

⑤プロジェクトの解散のタイミングが絶妙である．

　　解散のタイミングは，トップが発表会の様子などをみて判断しており，活動が色あせてくる直前のところで解散させている．また，製品開発や事業計画のプロジェクトの場合，成功すれば正式の事業部に格上げされることもある．

同社のプロジェクト活動は，1980年代初めからOA推進本部，人事委員会，コスト低減活動，組織開発，創造活性化，グローバル事業，新製品開発，マーケティング革新などの多様なテーマで展開されてきた．同社では，組織の変更や人事異動が頻繁に行われているが，それらでは間に合わないような検討課題が発生した場合には，いつでもプロジェクトを立ち上げて対応しているという．

(4) 変化に対応する組織づくり

こうした花王のプロジェクト活動の実績の1つが，フロッピーディスク(FD)の開発・生産事業である．1980年代初めに，同社は，「応用物理研究室」を立ち上げ，物理学と化学の学際研究を進めて，革新的商品の開発をめざした．この成果として，同社は3.5インチFDを独自の技術で開発することに成功し，85年にFD事業部を設立して，一時は世界シェアのトップに立った．その後，世界のFD市場が熾烈な価格競争の場となり収益の確保が難しくなったため，やむなく98年に情報事業部門を売却して撤退するにいたった（今村, 2008, pp.74-78, 190-191）．

こうした事業展開の背景には，独特の組織戦略，人事戦略があったといわれる．同社は，頻繁な組織改革を通じて「余剰人員」を積極的につくり出し，「一番元気のいい人が先頭に立って道を切りひらく」という考えのもとに，有能な人材を新規事業へ送り出してきた．当時の経営者・常盤文克氏は，変化に対応する姿勢について，こう語っている．「仕組みを変えること，環境変化に対応すること自体が，企業活動そのものである．本来，これが毎日の仕事のなかに内蔵されていないといけない」（NHK, 1994）．

同社の理想的な組織イメージは，組織のすべての機能がプロジェクト・チームのようになることであり，既存の組織を壊してプロジェクト化していくことが課題だととらえている．従業員のキャリアの選択肢においても，ライン・マネージャー，専門職，プロジェクト・リーダーの3つがあげられているが，従来型のライン・マネージャーはごく少数になり，プロジェクト・リーダーになる人材を早期に育成することがもっとも重視されている．

5．まとめ

官僚制組織の秩序の基礎には，規則を遵守しようとする職員の態度と規律の形成がある．マートンによれば，「社会構造の有効性は，適切な態度と心情を集団成員に浸透させることにもとづいており，そうした心情の教化のために組織的な装置が整えられている」(Merton, 1968, p. 252)．ところが，組織の効率的運営のためのパーソナリティや態度の形成が，細部の行動様式を統制することに重点を移し，これが自己目的化することによって，個別事情の軽視や変化に対する柔軟性の欠如を生み出し，本来の組織目標を阻害するにいたる．こうした逆説的な因果プロセスが，官僚制の逆機能論の焦点である．

日本企業の場合，欧米の職務中心主義の組織における官僚制問題とは経緯が異なるが，高度経済成長の終焉および組織拡大の鈍化とともに，「大企業病」と呼ばれる組織の硬直化や機動性の低下の問題が拡大して，多くの企業が対応に迫られるようになった．この問題は，いわば「日本型の官僚制の逆機能」とみなすことができる

以上の組織問題とかかわらせて，代表的な企業の組織改革の意義を検討してみると，トヨタ自動車の組織のフラット化の事例は，成員の行動レベルと組織レベルの両面から評価することができる．

まず，個人行動レベルの効果という点では，階層構造のフラット化と内部構造の大ぐくり化により，マネージャーの管理範囲が拡大され下部への権限委譲

が進んだ結果，マネージャーの行動のなかで部下の管理・統制の比重が低下し，各メンバーの自由裁量の余地を拡大した．社員の態度・行動においては，個別ケースの処理や顧客対応の際に「範疇化」された様式に自動的にしたがうのでなく，顧客志向・消費者志向の態度を発達させ，状況に適合した判断をうながす可能性が高くなる．また，所属するセクションが大ぐくり化されたことで，従業員の目標設定の範囲や思考領域が従来の細分化された範囲から開放され，より大きい組織レベルで上位の組織目標を意識して行動するようになると期待できる．

次に，組織レベルでは，階層構造のフラット化により組織内の情報の伝達と処理が円滑になり，意思決定が迅速化されるとともに，内部構造の大ぐくり化と柔構造化により横の連携，とくにセクションを越えたコミュニケーションが円滑化される，という効果が期待できる．

一方，花王の組織改革は，「生体機能的組織運営」の考え方にもとづいて，市場対応を第一とする組織のあり方を追求した代表的な事例であり，常態的に環境変化に対応することを企業活動に内在化させるための試みととらえられる．すなわち，プロジェクト・チーム方式の導入により，小集団の自律性を活かした情報の収集と共有化，研究開発や事業化などの機動的な課題対応を進め，硬直的な組織運営から脱却して部門の壁を越えた協働を機能させようとする取り組みであると位置づけられる．

プロジェクト・チーム方式のメリットは，必要最小限のメンバーで課題達成に取り組むもので，大組織のなかで埋もれがちな人材を高度に活用する工夫であるとともに，市場環境をみすえながら弾力的に情報収集や開発の活動を展開する自由裁量性をそなえており，社内の承認・評価などの動機づけの仕組みも用意されている．また，同社の組織運営の考え方の1つである「権威主義的マネジメントの払拭」は，官僚制組織に生起する「神聖化の過程」において職務上の特権が発達し，マネージャーの地位が権威的存在となると，機動的な組織運営や情報共有化の妨げになることを予期し，そうした障害を取り除こうと意

図したものである．以上の点を考慮すると，先にみたプロジェクト・チームの特徴として指摘された創造性，組織的学習，機動力の3点が備わっているととらえられる．

もちろん，以上のような組織改革が十分に機能するためには，関連するサブ・システムが必要とされるし，解決すべき運用上の課題も少なくない．たとえば，意思決定方式の整備，役職登用のルール・基準の見直し，人事評価と報酬制度の見直し，昇進と評価に関する組織風土の改革などが重要な課題となると思われる．これらの点は，組織改革のプロセスのなかで，不断に見直しが求められるであろう．

なお，本稿では大手企業の2事例を取り上げたが，1990年代から現在までさらに組織改革が活発化するとともに，組織理論の展開にも多彩な発展がみられる．これらの動向については，別の機会に稿を改めて論じることとしたい．

【文献】

Blau, Peter M., 1956, *Bureaucracy in Modern Society,* Random House.（P・M・ブラウ，阿利莫二訳『現代社会の官僚制』岩波書店　1958年）

藤田栄史「「日本的経営」と経営者・経営イデオロギー」北川隆吉編（1999）『講座社会学5　産業』東京大学出版会

Giddens, Anthony, 1993, *Sociology,* 2nd edition, Polity Press.（アンソニー・ギデンズ，松尾精文他訳『社会学（改訂新版）』而立書房　1993年）

間　宏（1997）『経営社会学［新版］』有斐閣

今村哲也（2008）『花王魂　やり遂げることの大切さ』生産性出版

橘川武郎「経済成長と日本型企業経営」宮本又郎・阿部武司・宇田川勝・沢井実・橘川武郎（2007）『日本経営史［新版］―江戸時代から21世紀へ』有斐閣

丸田芳郎（1992）『心身学道』NTT出版（制作）

Merton, Robert K., 1957, *Social Theory and Social Structure* (revised), The Free Press.（ロバート・K・マートン，森東吾他訳『社会理論と社会構造』みすず書房　1961年）

三輪卓巳「UFJ総合研究所のプロジェクト・チーム制度」奥林康司・平野光俊編著（2004）『フラット型組織の人事制度』中央経済社

NHK『NHKスペシャル　平成不況脱出への挑戦：戦う企業からのメッセージ』1994年3月4日放映

西田耕三（1990）『トヨタの組織革新を考える―創造時代の組織と人事管理―』産能大学出版部

岡本康雄（1976）『現代の経営組織』日本経済新聞社

奥林康司「フラット型組織の現代的意義」奥林康司・平野光俊編著（2004）『フラット型組織の人事制度』中央経済社

田島博実『雇用環境の変化と中高年の職業人生』石川晃弘・田島博実編著（1999）『変わる組織と職業生活』学文社

富永健一（1997）『経済と組織の社会学理論』東京大学出版会

宇田川勝「近代経営の展開」宮本又郎・阿部武司・宇田川勝・沢井実・橘川武郎（2007）『日本経営史［新版］―江戸時代から21世紀へ』有斐閣

Weber, M., 1964, *Wesen, Voraussetzungen und Entfaltung der bürokratischen Herrscaft, Wirtschaft und Gesellshaft* (Köln-Berlin: Kiepenheuer & Witsch), Zweiter teil, Neuntes Kapitel, 2. Abschnitt (Zweiter Halbband. SS. 703-738) (濱島朗訳「官僚制的支配の本質，諸前提および展開」『現代社会学体系5　ウェーバー社会学論集』青木書店　1971年）

横田絵里（1998）『フラット化組織の管理と心理』慶応義塾大学出版会

第4章
企業と人材評価

　人材の評価とは，人材マネジメントの中核に位置づけられることが多い．これは，人材を管理していく様々な局面において「判断」が求められており，その判断の根拠となるのが評価だからである．誰により多くの賞与を支払うのか，誰を重要なポジションに登用するのか，そして各自にどのような能力開発の機会を提供するのかなど，実に様々な局面での判断に評価が用いられる．こうした判断は一般企業のみならず，教育機関・官庁・非営利団体などでも求められており，あらゆる組織において評価は基幹的な位置づけを占めている．このためか，評価は昔も今も人材マネジメントの議論の的であり続けている，古くて新しい課題といえよう．

　本章では，人材評価の存在意義について整理した上で，企業で実際に用いられている手法のうち，代表的なものを解説する．さらに評価における難しさや課題を洗い出し，時代の変化とあわせて企業がそれらにどのように対応しているのか，ということについて議論し，最後に人材評価のあるべき姿の展望を試みたい．

　まず内容に入る前に，簡単に用語の整理をしておく．「評価」という言葉は処遇を決定するためのいわゆる人事考課を意味することが多いが，実際は多くの機能を含有している．広義に解釈すると，人材の採用も評価であるし，能力

開発の課題を洗い出すことも評価に含まれている．評価という用語には様々な定義があるが，ここでは「従業員の能力・スキルや業績の個人差にもとづいて処遇や育成を進めることによって，人材や組織風土などの人的資源を経営目的に適合させるためのマネジメントシステム」（二村，2005，p.126）という二村の定義にもとづいて議論を展開させる．本章ではこうした広義の評価を「人材評価」と呼び，狭義の「人事考課」について解説する際には，その用語をそのまま使うこととする．全体としては前者にふれるが，とくに後者の人事考課を深く掘り下げてみることとする．

1．人材評価の目的

本節では，そもそも企業における人材評価の目的とはいったい何なのか，言い換えれば人材評価は何のために行われるのか，という点について整理してみる．

(1) 報酬決定のための人材評価

企業で働く従業員の金銭的な報酬は人事考課により決定される．学生が学業についての成績を受け取るのと同様，企業で働く人たちは自分たちの働きぶり，成績についての査定を受け，これを人事考課と呼ぶ．総合人事評価による昇給率（額）の決定，業績評価による変動型の業績賞与（インセンティブ）額の決定がこれに該当する．この人事考課については次節で詳細に解説するため，ここでは簡単な説明にとどめておく．

(2) 人材配置（採用・異動・昇進昇格）のための人材評価

人材マネジメントの最初の段階，すなわちどのような人材に入社してもらうかは，採用選考という評価をへて決定される．ここでの評価の形態は多岐にわたるが，まずは各種適性検査や筆記試験，あるいは書類選考によるスクリーニングをへて候補者の人数をある程度まで絞り込む．その上で複数回の面接，企業によってはワークサンプルと呼ばれる簡単な実技（想定問答やケースを含む）

を課し，最終的な合否を決定する，というのが一般的な流れである．

　こうして入り口での評価をへて入社した後も，人材配置のための評価は続く．とくに，職務を限定せずに入社したいわゆる総合職の新規学卒者は，一定期間の研修を修了した上で，各人の適性を判断して職種・配属先の決定がなされる．なお，新規学卒者の最初の配属のみならず，通常の異動についても本人の適性や能力と職務が求める要件とのマッチングを評価して決定する試みも，多くの企業で行われている．

　このような職種・配属先の決定を組織内における「横」の人材配置だとすると，昇進昇格選考は「縦」の人材配置といえよう．昇進昇格選考では過去の人事考課結果が参考材料にされるほか，管理職登用のための社内資格試験（業務関連知識・専門領域の知識などを問うもの）や，上位者との面接が行われることもある．

　昇進昇格に際し，さらに本格的な評価を行う際に使用されるアセスメントセンター方式についても言及しておく．アセスメントセンター方式とは，「研修所のように日常から隔離された場所で，様々な演習課題やアセスメントツールを通じておもに管理能力・スキルを評価する一連のプログラムのこと」（二村，2001，p.95）で，ここで使用される代表的な手法としてあげられるのがシミュレーション演習であり，インバスケットやインシデント・プロセスがある．インバスケットとは，未決箱に入っている多くの案件を管理者として一定時間内で処理させるものであり，意志決定能力や問題分析能力を測るものである．インシデント・プロセスとは，与えられた出来事（インシデント）に対し，自ら必要な情報を収集し分析をした上で問題解決策を立案していく，ケーススタディのことである．これらのほかにも，集団討議やロールプレイを行わせ，それらを観察評定する方法も採られる．

　これらの手法は1950年代に米国で開発されたものであり，本来は昇進昇格に使用される測定ツールとして1970年代に日本へ紹介されたが，当時の日本では能力開発のツールとして注目され，演習を通じての振り返りによる気づき

やアセッサーと呼ばれる専門家からのフィードバックを得る形式の能力開発プログラムとして，以後も広く使用されていることを付記しておく．

（3） 能力開発のための人材評価

人材評価の目的には，すでに述べたような「現状決定のための査定」的な要素が強い報酬決定や人材配置といったもの以外に，「将来に向けての査定」という要素の強い能力開発がある．やり方としては，主に人事考課の各プロセスを能力開発へ連関させるケースが多い．

人事考課の結果を決定するにあたり，多くの企業が上司と部下の面談を制度に組み入れているが，これは考課結果を決定するための話し合いのみならず，部下が効果的に職務を遂行していく上で伸ばすべき能力課題や，その方法について上司と部下の双方で話し合いをするためでもある．たとえば，その年度の人事考課で部下が顧客との折衝が思うようにいかなかったために設定していた目標を達成できなかったのであれば，単にその考課結果を伝えるのみならず，どうすればうまくいくかということについて上司からもアドバイスをすることが求められる．こうした評価を通じた能力開発をさらに本格的に行うため，人事考課と並行してIDP（Individual Development Plan：個人能力開発計画）などと呼ばれる，個人別に育成計画を立てて取り組む制度をもつ企業も少なくない．

2．人事考課の形態およびその具体的な手法

先にあげた3つの目的を果たすために用いられる手法につき，本節ではとくに比重の大きい人事考課を中心に整理してみる．なお人事考課の実施は，とくに業績賞与の決定のため，自分が所属する部や支店などチームとしての業績評価，ひいては企業全体の業績評価からスタートすることが多い．本章では人材の評価，つまり個人の評価に焦点を当てているため，これらの組織評価についてはここでは割愛する．

人事考課制度の種類は多岐にわたり，企業の数と同じだけ制度が存在すると

図表4－1　主な人事考課の手法

手法の分類	具体的な手法
要素別評定法	図式尺度法・チェックリスト法
比較法	序列法・一対比較法・強制分布法
論述法	決定的事項記録法
現在多くの企業で使用されている手法・尺度	目標管理制度・行動基準評定尺度・行動観察評定尺度

注) SHRM（2006）THE SHRM LEARNING SYSTEM: MODULE 3　HUMANRESOURCE DEVELOPMENT. および 笹島芳雄（2001）『アメリカの賃金・評価システム』日経連出版部　をもとに作成

いっても過言ではないが，多くの企業の制度は，① 結果としての業績考課，および ② プロセスとしての能力考課や，③ 情意（態度）考課の3点より成り立っていることが多い．

① の業績考課とは，個人の属性により決められるものではなく，本人が生み出した成果の達成度合で測られる．評価対象としては仕事量の達成度合（量・スピードなど）と仕事の質の達成度合（正確さなど）があげられる．② の能力考課では本人が保有する能力やスキルを評価対象とし，企画力・問題解決力などの「○○力」という表現の評価項目がよく用いられる．③ の情意（態度）考課では，本人の勤務態度や意欲を評価対象とし，協調性・積極性などの「○○性」という表現の評価項目がよく用いられる．なお，② と ③ が一緒にされ，混在した形の制度をもつ企業も多いことを付け加えておく．

上記 ①～③ で用いられる手法のうち，とくに種類が多く議論になる ② の能力考課を中心として，主なものを紹介する．これらの手法の整理にあたっては，主に SHRM（Society for Human Resource Management：アメリカ人的資源協会）の認定する人事の専門資格である PHR（Professional in Human Resources）のテキスト等を参考とした（図表4－1）．

(1) 要素別評定法（category rating methods）

これは評価する対象を要素ごとに切り分け，その要素ごとに評価するという

方法である．具体的には，① 図式尺度法（graphic rating scale），② チェックリスト法（checklist）などがある．

① 図式尺度法：直線を横に引き，左端を「最も良い」，右端を「最も悪い」とし，その直線を尺度として各評価要素につき考課者が最も当てはまると考える箇所をマークする．最も典型的な尺度は5段階で，「標準を大きく上回る」「標準を上回る」「標準に達している」「標準を下回る」「標準を大きく下回る」などといった表記になる．

② チェックリスト法：職務を遂行するために必要な評価要素につき，望ましい，あるいは望ましくない行動を描写した文章や言葉をリストとして準備しておき，考課者が被考課者に当てはまるものを選択する．このうち，重要な評価要素には高いウェートをかけているものをウェートつきチェックリスト法（weighted checklist）と呼ぶ．また強制選択法（forced choice）というチェックリスト法の1種では，選択肢が最も否定的なものから最も肯定的なものが4段階用意されており，最も当てはまるものと最も当てはまらないものに印をつける形となっている．

(2) 比較法（comparative methods）

比較法では，考課者は被考課者の仕事ぶりを相互に比較するという形をとる．具体的には，① 序列法（ranking），② 一対比較法（paired comparison），③ 強制分布法（forced distribution）などがある．

① 序列法：考課者が考課対象者を最もレベルが高い者から順に最も低い者まで並べるという方法である．同じ業務を行う評価対象者が数多くいる場合に有効な手法である．

② 一対比較法：複数の考課対象者の中から任意に2名を選び，どちらの評価が高いかを決定する．これを総当たり戦のようにすべての対象者について行い，この結果，高い評価を得た回数が最も多い者から順番に並べるという方法である．

③ 強制分布法：評価結果を何段階かに分けておき，各段階への配分比率をあ

らかじめ決めて，評価の分布をそれらに当てはまるように決定していく方法である．この配分比率は，正規分布曲線（ベルカーブ）に沿ったものとされ，例をあげると以下のようになる：

 S （期待水準を大幅に越えている） 10%
 A （期待水準を越えている）   20%
 B （期待水準通りである）   40%
 C （期待水準を下回る）   20%
 D （期待水準を大幅に下回る）   10%

(3) 論述法（narrative methods）

論述法では，考課対象者が期間中に残した業績（あるいは失敗）を考課者が記述する方法である．この中でも職務を遂行する上で効果的であった（あるいは効果的ではなかった）行動を記録していく決定的事項記録法（critical incident method）が有名である．ただし，これらの方法は膨大な手間と時間がかかる上，考課者の文章作成能力により結果が左右されるという欠点があるため，実際に使用される場面は限定的である．

(4) 現在多くの企業で使用されている手法・尺度

このように評価には様々な手法があるが，その多くが評価の要素（企画力・協調性など）自体の曖昧さにより，考課者によってその要素名が意味するもののとらえ方が異なってしまうことや，数字・記号・評語などで示される評価の尺度（5，S，非常に優秀など）が明確でないということ，そして評価自体に膨大な手間がかかる（論述法など）といった課題をかかえている．これらの課題を克服するため，現在多くの企業で使用されている方法として業績考課に用いられる，① 目標管理制度（MBO：Management by objectives and self-control）および，プロセス考課に用いられる ② 行動基準評価尺度（BARS：Behaviorally anchored rating scales）や ③ 行動観察評定尺度（BOS：Behavioral observation scales）を紹介する．

① 目標管理制度：著名な経営学者であるピーター・ドラッカー（Drucker, P.

F.）の著作により1950年代に提唱された考え方がもとになっており，日本でも1960年代頃より今日に至るまで多くの企業で導入されている．人事院による「平成17年民間企業の勤務条件制度等調査」によると，人事考課制度をもつ企業のうち，1000人以上の企業の約9割が目標管理制度を採用している．具体的な運用は企業により多少異なるが，大まかに説明すると以下のような流れになる．まず期初に，上司は経営方針と自身の目標を部下に提示し，部下は上司と話し合いながらその年度の目標を設定する．そして期中に，部下は目標の遂行に邁進し，上司は適宜必要な指導および支援を行う．このタイミングで中間レビューなどと呼ばれる話し合いが行われ，それまでの達成度のチェックが行われるほか，外的環境の変化などで目標自体を変更したほうが良い場合，話し合いにより決定される．そして期末に目標の達成度を評価する．この際，部下の自己評価をふまえて話し合いが行われ，上司が最終的な結果を決める，というのが一般的なやり方である．この制度はよく英文の頭文字を使ったMBOという名前で呼ばれているが，原語ではand self-control（と自己統制）がついていることを付記しておく．これは目標を上から与えられた単なるノルマとしてとらえるのではなく，目標をツールとして使い，その達成を自身が主体的に統制していくことを目的としているためである．

② 行動基準評定尺度：これは「評定基準明示尺度」とも呼ばれ，優れた職務行動から劣っている職務行動までをいくつかの段階に区切り，それぞれの行動を具体的に明記しておき，それを基準にして評価を行う手法である．つまり，評定する基準が段階ごとに明確になっているため，考課者の評定バイアスを抑制しやすいことと，具体的な行動で示されているために，結果のフィードバックに際し，被考課者もその意味や自分がめざすべき職務行動を理解しやすいところに特徴がある．

③ 行動観察評定尺度：職務を遂行するにあたり鍵となる行動を予め分析しておき，それらを評定表に記載しておく．その評定尺度は「ほとんどしていな

い」から「よくしている」と5段階程度に区切り，考課者はその頻度で評定する．これは，考課者に行わせる判断を行動観察およびその頻度の記録に限定することにより，主観的判断や評価能力の差による誤りを極力避けることができるというメリットがある．

なお，②③ともに共通しているのが行動描写の表記であるが，後述するコンピテンシー評価の実施にこうした行動描写を流用している企業が多い．

3．人事考課における課題

以上，様々な人事考課の手法を紹介したが，人事考課にはどのような制度を採用しても直面する，数多くの課題がある．ここでは，よくあげられるものについて解説してみる．

(1) 成果定義：何を成果とみなすのか

成果をどう定義するのかということは，人事考課の根幹にかかわる問題である．職務を遂行していく中，何をすれば良くやったとみるのかという企業の判断，すなわち価値観がそこに表れる．もし「成果は結果こそがすべてであり，その過程は一切問われない」という結果至上主義の成果定義のもとに処遇される企業があれば，そこにいる従業員たちはどのような行動をとるだろうか．コンプライアンス（Compliance：法令遵守）を軽視し，法律に抵触するような販売方法をとる従業員が多くなるかもしれない．このように，中長期的に組織の行動規範を形成していく成果定義は，企業の価値判断の基準を映す鏡であるといっても過言ではない．そこで，こうした成果定義における主要な課題を概観してみることにする．

① 量の成果と質の成果：個人が生み出す成果には数値に表しやすい「量」の成果と，表しにくい「質」の成果がある．前者には営業職における売上金額，新規開拓顧客数などの定量評価がそれにあたるが，とくに後者が難しい．たとえば，人事部で採用を担当している従業員についてはどうだろう

か.「5月末までに新卒を30名採用する」という目標を設定することは可能だが,採用担当者に求められていることは,その30名という人数を確保することだけではないはずであり,むしろその30名がどれだけ良い人材であるかという「質」が大切なのではないだろうか.しかし,その質は「〇〇大学から何名,□□大学から何名」という学歴だけでは測れないという難しさがある.さらに,前者の量の評価についても,「何を成果として評価するか」という点で注意を要する.1つ実例を紹介しておきたい.ある企業でAさんとBさんの2人は,担当する販売代理店からの問い合わせを電話で対応するという同じ仕事をしていた.2人の成果は問い合わせを受けた電話の本数という目標で評価されていた.ある時,Aさんは同じような問い合わせが多いことに気づき,その問い合わせ内容についての回答を1枚の紙にわかりやすくまとめ,自分の担当するすべての販売代理店に配布した.その結果,Aさんへの問い合わせは激減した.こうした場合,Aさんの成果評価はどうなるのか.自ら考えて工夫をしたことにより業務の効率が上がったにもかかわらず,数値目標が電話の本数のみだと,通常通り業務を遂行していたBさんよりもかえって評価は下がってしまう可能性がある.この例が示唆するのは,目標設定の際に,評価の観点や切り口を慎重かつ明確に決定しておく必要があるということである.換言すると,何がその職務遂行にあたっての重要業績指標(KPI:Key Performance Indicator)なのかを明確にすることが,目標設定においていかに重要であるかということである.なお,先に挙げたAさんの例につき,量や質以外にも付加価値という観点で評価することも可能である.ここで言う付加価値とは,決められたことを期待通りにこなすだけではなく,プラスαの新たな価値を生み出すことを指している.こうした付加価値は多くの場合,「他者への波及」を生む.つまり,本人が生み出した成果が単なる個人の成果にとどまらず,周囲に良い影響を及ぼすのである.付加価値の創造を従業員に求める企業は,成果のとらえ方にこうした付加価値の創造を加え,Aさんのような成果を高く評価するので

ある.

② 単年度成果と中長期成果：成果には，単年度内に具体的な数字や質の向上に結びつくものと，その年度内には成果に結びつかず，翌年度かさらに先の年度に結果として表れるものがある．後者を仮に中長期成果と呼ぶとして，この中長期成果をどうとらえるか，ということも企業の価値基準を映すものの1つである．代表的な例は，来年度以降に大きな売り上げにつながりそうな顧客の開拓に尽力した従業員をどう評価するかということがある．ある年度の成果とはその期間内に結果が出たもののみを指し，次年度に大きな売り上げが出るのであれば，それは次年度に評価すれば良いという考え方もあるが，ここには1つの落とし穴がある．それは，単年度の数字ばかりに目が行き，結果として中長期的な視点を軽視してしまうという傾向の助長である．短期的な成果を重視する企業の従業員は，将来的に潜在的な数字をもつ顧客の開拓には力を入れず，売り上げは小さいが今年中に成果につながる顧客の開拓に時間を割くようになる．こうした行動傾向が蔓延すると，従業員の中長期的な企業成長に目を向けた動きが鈍くなり，将来的な成長にも影響を与える可能性が出てくる．このように，成果については短期的な観点も長期的な観点も両方必要であり，どちらにどれだけの力点を置くかというところにも企業の価値観が表れてくる．

(2) 統制不可な環境設定をどうみるのか

与えられた業務について成果を出していく際には，自分で統制（コントロール）できない要素も多い．たとえば，割り当てられる業務内容や担当する顧客，そして担当地域などは上司の判断や前任者からの引継ぎなどといった形で決まるものがほとんどである．このため，自分の業務や担当顧客の難しさは自身の関与なしに降りてくる，成果を出すにあたっての不可避の与件ともいえる．

そしてこの「自身の関与なし」というところに問題の根源がある．Aさんが担当しているのは大企業が多く進出しているエリアであり，景気が良く，新規

顧客開拓は順調に進んでいる一方，Bさんの担当エリアは零細企業が多くを占めており，好景気の恩恵を余り受けていないため新規顧客開拓は非常に難しいという状況があったとしよう．こうした場合でも，AさんとBさんは同じ営業職という括りで評価されてしまうことがある．こうした地域性による差は，いわゆる運不運で片づけられることが多いのが現実である．こうした不公平感をなくすために，とくに営業社員の定期異動を行う企業もあるほどである．

さらに，環境設定の課題は担当地域の差にとどまらず，上から割り当てられたプロジェクトの難易度，担当顧客の予算額の多寡など実に多岐にわたる．また，そもそもビジネスモデル自体が環境設定の課題を大きくしてしまうこともある．その代表的な例として，間接営業と呼ばれる営業形態があげられる．間接営業では営業社員自身は営業活動を行わず，顧客への営業を担当する販売会社や代理店をマネジメントするという職務を担う．営業である以上，間接的であっても結果として出た売り上げも評価指標の大部分を占めるため，優秀な販売店や代理店を担当できるかどうかは死活問題である．優秀なところを担当できればさほど手をかけずとも成果を得られるし，その逆もありうるのである．

（3） 絶対評価と相対評価のどちらを使うのか

評価の課題を論ずる際，必ずといって良いほど話題にのぼるのが評価を絶対評価で行うか相対評価で行うか，ということである．絶対評価法とは，「特定の評価基準（絶対基準）に照らして，従業員個々人のもつ特性や行動，成果などを評価するもの」であり，この評価法の最大の特徴は，何らかの基準に対する達成度を評価するため「評価対象者本人の評価に他者の結果が影響しない」ということである（金井・高橋，2004, p.140）．一方，相対評価法とは「従業員の能力や業績を，全般的観点から相互に比較して評価するもの」であり，絶対的な基準に見合っているかどうかということよりも，対象者のグループ内における相対的順位を決定していくため，結果として「自分の評価に他者の評価が影響してしまう」という特徴がある（金井・高橋，2004, p.141）．

絶対評価と相対評価の違いは，50メートル走を例に当てはめて考えてみる

とわかりやすい．タイムが7秒を切れば5段階評価の5であり，7.2秒以内であれば評価は4，というように絶対的な基準を決めた上で評価するのが絶対評価であり，対象者の全員が5の評価を取ることもありえる．一方，相対評価では全員が走った結果をもとに，上位10%を5，次の20%を4，という具合に相対的序列を決めて評価を決めていく．この場合，全員が7秒を切っていても一番遅かった人の評価は1となる．

絶対評価では，基準となる評価要素項目が適切な重要業績指標（KPI）により設定されており，基準が明確であれば評価結果は客観的であるといわれている．上述の50メートル走のように，タイムを数値基準として使用している場合はその最たる例であろう．一方，その評価要素項目が曖昧であり，基準が明確でない場合には様々な問題が発生する．たとえば，評価要素項目が，能力考課によく使用される「企画力」で，基準に図式尺度（5が「標準を大きく上回る」，右端を「最も悪い」）が使われる場合はどうだろうか．まず，考課者によって何をもって企画力と判断するのかが異なってくる上に，企画力が高い（あるいは低い）と評価する基準は，その人が心の中にもっている物差しの目盛の幅によって異なるため，結果として不公平な評価結果となる可能性がある．

相対評価では上記のような，いわゆる「評価の甘辛」が起こりにくいという利点がある．評定に関して甘い（あるいは辛い）上司が全員を5（あるいは1）につけることを避けられる上，企画力が5段階のどこに位置するかということを判断するよりも，対象者を比較してどちらが優れているかを判断するほうが，はるかに簡単である．一方，相対評価では比較するメンバーが優秀な人ばかりのグループと，そうでないグループでは自分の相対的な位置づけが大きく上下してしまう運不運の問題がある．また，自分以外のメンバーは評価におけるライバルであるため，お互いに協力し合うという雰囲気が醸成されにくいという点も多く指摘される．

このように絶対評価・相対評価にはおのおの長所と短所があるため，組み合わせて使われることが多い．数値化した業績評価においては絶対評価を用い，

最終的な総合評価においては相対評価を用いるといった具合である．企業において昇給など処遇の原資は有限である以上，最終的な評価結果については強制分布法を用い，評価の分布をあらかじめ決めておいた配分比率に当てはまるように決定していくのが一般的である．

(4) 考課者の評定誤差をどうするのか

どのような制度や手法を用いても避けられないのが，人事考課における「評定誤差」と呼ばれる問題である．考課者がいくら気をつけていても自分が気づかないうちに，無意識に評価の誤りに陥っていることが多々ある．ここでは，代表的な評価誤差を紹介する（二村，2005, pp.145-147）．

① 対比効果：被考課者を考課者自身の特徴を基準に評価してしまうことであり，自分自身の過去の高い実績と照らし合わせて低く評価してしまうなどといった例がある．

② 初期印象効果：被考課者と考課者のかかわりにおいて初期に起きた出来事をいつまでも引きずってしまうことである．一度優秀と見なされた部下がいつまでも高く評価されたり，その逆が起きることがその例である．

③ ハロー／ホーン効果：被考課者を1つの特徴的な事柄により判断することであり，1つのことが良いと他のすべても良いと見なしてしまうことをハロー効果と呼び，その逆に1つの悪いことをすべてに当てはめてしまうことをホーン効果と呼ぶ．なお，ハロー（Halo）とは後光のことを指し，ホーン（Horn）とは角のことを指す．

④ 相似（非相似）効果：被考課者と自分との間に似ている（まったく異なる）特徴があると，高く（低く）評定しがちになることを指す．特徴には，出身校・価値観・性格・態度など様々な要素が考えられる．

⑤ 中心化傾向：被考課者について，平均的な評価をしてしまう傾向のことを指す．これは能力やスキルに個人差があることを認識しながらも，被考課者とのあつれきを避けたいという心情的な原因によるものと，被考課者のことをよく知らないため，当たり障りのない評定にするという場合が考えられ

⑥ 寛大化（厳格化）傾向：被考課者の期待への慮りや，あつれきの回避という理由により，実際の評価よりも甘く評価することを寛大化傾向と呼ぶ．逆に，管理者としての役割や建前にこだわり，必要以上に辛く評定することを厳格化傾向と呼ぶ．

⑦ 論理的誤謬：考課者が一般的な関連性にもとづいて被考課者の特徴を推測してしまうことにより生じる誤差のことである．学生時代に課外活動のリーダーをやっていたのだから，企業の職務行動においてもリーダーシップに優れている，と判断してしまうことなどが典型的な例である．

⑧ 近接効果：直近効果とも呼ばれる．人事考課とは，その年度全体の成果や行動についての評定をするものだが，考課実施の間近の成果や行動に引きずられて評定を行うことを指す．人事考課の直前になってから被考課者を観察しはじめるような考課者に起こりやすい傾向である．

こうした誤差は，「人間心理の普遍的な性向とでも言うべきもの」（二村，2005, p.147）である以上，避けることは非常に難しいのが現実である．ただし，だからといって「正しい人事考課など不可能だ」と開き直るのではなく，こうした陥りやすい誤差について学び自覚することと，評価のスキルについての技術を高めていくことが重要になる．多くの企業で考課者訓練と呼ばれる研修が実施されているのもこのためである．

4．経営環境や時代の変化と人材評価

日本はかつて，「日本型能力主義」と呼ばれる能力観にもとづく人材マネジメントを行ってきた．そこでは「能力主義的な原則を年功制度の枠内でゆるやかに適用」（熊沢，1997, p.34）しており，個人間に大きな格差をつける人材の評価および処遇は，少なくとも明示的な形では避けられていた．

しかし企業を取り巻く経営環境は，経済の成熟化に伴い大きく変化し続けて

きた．こうした経営環境の変化には，顧客ニーズの多様化，加速的な技術革新，そしてビックバンと呼ばれる規制緩和以降は，国内外での熾烈な市場競争など，枚挙に暇がない．こうした環境変化のもと，1990年代からは景気の後退も手伝い，多くの企業が成果主義という言葉を旗印に人事制度改革に着手しはじめ，前述のような能力観は着実に変貌を遂げてきている．この成果主義という言葉の台頭に伴い，「日本型能力主義」がどのように変化していったかということにつき，以降で取り上げてみる．

(1) 能力のとらえ方の変化：職能資格制度における保有能力

人材マネジメントにおいて着目すべきは，企業における能力のとらえ方の変化である．日本ではかつての単純な年功制の欠点を補うべく，1950年代後半から職能資格制度の導入がはじまり，1970年代に入って多くの日本企業における人事制度の中心となっていた．従業員が保有している，あるいは保有していると思われる職務遂行能力（職能）の程度に応じて，等級が付与され，これが賃金や格付といった処遇のもととなる制度である．職能資格制度の導入前は，部長・課長といった役職がそのまま処遇に結びついていたが，当時から企業では役職の数が限られており，職務が多様化し個人の昇進志向も減少しているという課題があった．この制度は役職と処遇を切り離すことにより，こうした課題に対応することをめざしていた．つまり，課長の役職に就いていなくとも課長相当の能力を保有していると認められれば，課長と同等の処遇を享受できるということである．無駄に役職を増やすことなく，経験を積んだ従業員をつなぎとめておくことができるという強みをもっていた．

しかし，職能資格にはそれぞれ要件定義があったにもかかわらず，能力とは年齢とともに向上する習熟度が中心であるという前提や，各資格（等級）の滞留年数を設定するといった構造の下，月日の流れにしたがい職能資格制度の運用は年功的なものに流れていった．

(2) 能力のとらえ方の変化：コンピテンシーにおける発揮能力

こうした職能資格制度の制度疲労ともいえる課題を抱えていた状況の中，

図表4−2　保有能力と発揮能力の比較

比較項目	保有能力（職能資格制度）	発揮能力（コンピテンシー）
対象	標準者に期待される保有能力	高業績者の成果達成行動
能力のとらえ方	保有しているもの	行動として顕在化し，成果につながっているもの
用途	主として等級基準，一部人事考課（能力考課・情意考課）	主として採用，配置，人事考課，能力開発
記述表現スタイル	保有すべき程度や心構えやあるべき理想の記述主体で抽象的になりやすい「〜できる」	そのとおり実行すれば成果が達成される行動そのものの記述で具体的「〜する」

注）太田隆次（2000）『アメリカを救った人事革命　コンピテンシー』経営書院　をもとに作成

1990年代半ば頃から日本で注目されはじめたのがコンピテンシー（Competency）という概念である．これは70年代頃からの心理学における研究成果ともいわれており，米国で行われた高業績達成者の行動分析により，より高い業績を上げる人たちの能力を抽出し，整理したものである．コンピテンシーについては日本でも多数の書籍が刊行されており，その用語の定義自体も百花繚乱状態であるが，日本におけるコンピテンシー研究の第一人者である太田の定義によると，「ある状況または職務で高い業績をもたらす類型化された行動特性」（太田，2000，pp.28-29）とある．この「もたらす」という言葉に表れる概念が，従来の能力のとらえ方と大きく異なる個所といえる．つまり，従来の職務遂行能力はあくまでも「保有」能力であったが，これが成果をもたらすための「発揮」能力こそがコンピテンシーと呼ばれるものなのである．個々人の能力を重んじる能力主義は職能資格制度でも存在していたが，その能力を見る視点が，単に「もっている」能力から「実際に（成果を出すために）使っている」能力へと変わったとも言える．

このようなコンピテンシーにもとづいた能力観を導入した企業では，人事考課における能力考課の基準を変更しているケースが多い．具体的には，従来の

職能要件書にあった「〜できる」という表現から，コンピテンシーの「〜する」という行動描写の形での基準表記となっている（本章の2節，行動基準評定尺度および行動観察評定尺度を参照）．

　こうした変化には，先にあげたとおり成果主義が大きく関係している．成果主義というと人件費抑制の側面ばかりが照射されがちだが，本来は限られた原資を適正に配分するという考えにもとづいているものである．つまり，従業員の処遇には従来の「余り露骨な差をつけずに平等に」という，平等だが不公平な形から，「成果を上げている人にはより多く，そうでない人はそれなりに」という，不平等だが公平な形をめざす方向にシフトしている．こうした成果主義という背景のもと，個々人の能力が成果にどれだけつながっているかを重要視するコンピテンシーに，多くの企業が注目したのは自然な流れといえる．

　一部の識者の間では，米国生まれのコンピテンシーは日本には馴染まないのではないかという意見が過去にあったが（ワークス研究所, 2003），現在のところ，多くの企業で人事考課のみならず，採用・キャリアガイダンス・能力開発など様々な人事領域において活用されている．人事院による「平成17年民間企業の勤務条件制度等調査」によると，1000人以上の規模の企業の約8割がコンピテンシーを昇進昇格に使っている．さらに企業のみではなく，佐賀県庁や宇都宮市・高知市の地方自治体でもコンピテンシーを導入している．

5．人材評価の今後：より良い評価には何が必要か

　このように過去から現在までをふり返ると，時代の変化とともに人材評価を初めとした企業における人事慣行も変革を迫られていることがわかる．一例として，成果主義に伴う能力をみる観点の変化をあげたが，他にも多くの対応すべき変化，課題があることは論を待たない．たとえば，企業を取り巻く環境のみならず，組織そのものの構造的変化も，人材評価で考慮しなければならない要素である．組織における縦の序列構造（部長→課長→係長など）は，いわゆる

フラット化により大きく後退している．最近では，上司の仕事を細分化して順に降ろしていき，部下は上司の指示をそのまま行うという形ではなく，各自でかかえた案件を担当する，いわゆるプロジェクト単位で仕事が進んでいく形態も増えている．こうした個々人の職務行動の把握の難しさが，評価の課題となっている企業も多い．

　一方，組織を構成する個々人に目を向けてみても，多くの対応課題がある．従業員の職業観の変化などはその好例だろう．終身雇用が崩壊した現在，1つの企業で勤め上げることに重きを置かず，自分のキャリアアップのために転職を複数回することはもはや珍しいことではない．また，人生の中での仕事の位置づけも個々人によって大きく変わっている．こうした従業員たちをいかに動機づけ，どのように処遇していくかということは人材評価に大きくかかわってくる．さらには，雇用形態の多様化に伴い，今や正社員のみで構成される職場は珍しいだろう．様々な雇用形態の従業員が混在する職場における人材評価の難しさも，今後越えていかなくてはならないハードルである．

（1）人材評価の成功のためには？

　こうした山積みの課題の中，企業が人材評価を成功裏に実施していくためのコツは何かあるのだろうか．どの課題にも当てはまる万能薬のような絶対解はないが，ここでは人事考課にスポットを当て，多くの企業の事例をみて挙げられる，原理原則や定石と呼べるものの提示を試みたい．

　第一に，経営層が人材評価についてコミットすることの重要性を挙げておく．人材評価についての各施策はトップダウンで行われることが不可欠である．つまり，その企業がヒトを重要な経営資源としてとらえ，入口から出口までの人材評価に相応の労力と資源をどれだけ投資するかということである．また，逆に現場におけるボトムアップも同様に重要である．現場の従業員が，人材評価を自分の本業に乗せられる「余分な仕事」と考えずに，管理職の重要な職責と認識することである．とくに人事に関する決定権を中央集権的に人事部が掌握している場合には，ここが難しくなりがちである．

また，評価をする側とされる側でのコミュニケーションの量をできる限り多くすることもきわめて重要である．被考課者の評価結果についての納得度合は，考課者との日常のコミュニケーションの量に比例する．したがって，評価とは年に1度のみの面談で決定するのではなく，中間面談を設けることはもちろんのこと，日常のコミュニケーションを積み重ねる，「人事考課の日常化」が重要となる．

　さらに，人材評価についての客観性・納得性・公平性・透明性を担保することの重要性を強調しておきたい．この方法として「基準を明確に示す」ということがあげられる．業績評価において明確に成果を定義することの重要性や，能力評価の基準を行動表記にすることがこれに当たる．

（2）　評価制度で陥りがちな失敗とは

　一方，「べからず集」として人事制度の設計・運営に関し，2点ほど陥りがちな落とし穴をあげておく．それは，数値化偏重と制度の精緻化である．前者については，目標設定をやみくもに数値化することが，かえって適正な評価を難しくしてしまうことを本章の3節の「量の成果と質の成果」ですでに述べた．また，目標の達成度を数値化で自動的に算出されたものをそのまま評価結果に換算してしまう方法も要注意である．自動算出によって評価が決定すると，面談などのコミュニケーションをしないままに評価を確定してしまいがちだからである．人は誰しも曖昧さの少ない情報を過度に信頼し，依存してしまう傾向があるため，数字として表れる結果に依存していないかを問いかける必要がある（岡本，1999, pp. 45-47）．

　後者の制度の精緻化とは，鈴木が「困り者の人事担当者」と呼ぶ，制度設計の担当者が陥りがちな失敗である（鈴木，1997, p. 148）．理論的に素晴らしい制度をつくりたいあまり，職種や等級ごとに多様な係数をそれぞれに適用したり，目標を項目ごとに細かく立てさせたり，プロセス自体をどんどん複雑にしていき，結果として個別のプロセスは理論的に正しいが，すべての複雑なプロセスを積み上げて出した最終評価が，全体としての人物評価と異なることにな

りがちである．このように，制度とは，人事の専門家の自己満足により複雑なものをつくるのではなく，実際の運用にたずさわる人たちが運用しやすいものにする必要がある．

そもそも人材評価とは何らかの「判断」を下すために行うものであり，何かを精緻に「測定」するためのものではない．この点につき，金津が示唆に富む評価における格言を残している．「評価とは測定ではなく判定」という言葉がそれである．評価とは定規で何かを測るのではなく，「野球の審判と同じように，クロスプレーでアウト・セーフを迷いながらも決断する判定」であるということを強調している（金津，2002，p. 155）．

これまでみてきたとおり，人材評価とは一筋縄でいくような簡単な問題ではない．しかしわれわれが最も避けなければいけないのは，「そもそも適正な評価などあり得ない」，「不完全な人が評価をするということ自体が無理」というような開き直った思い込みをすることである．こうした思い込みや仮定を心にもっていると，心理学でいう「自己成就的予言」となってしまう．これは，「正しい評価が無理だ」という思いをもっていると，意識的あるいは無意識的にその思い込みにそうような結果を生じさせる行動をとって，その思い込みをさらに肯定していく現象のことをいう（金井・髙橋，2004，p. 134）．

われわれが考えなければならないのは，難しい問題だからといって人材評価をなくして組織運営は成り立つのか，という問いである．個人レベルで考えても，自分の働きぶりに対する何らかの反応，フィードバックなしに良い仕事ができるだろうか．また，企業側の観点に立っても，評価が人材マネジメントの核であり，報酬決定，人材配置，そして能力開発などに密接にかかわっているのは冒頭でも述べたとおりである．個人レベルでも組織レベルでも，良いパフォーマンスを出していくためには，個々人が人材評価に真摯に向き合う必要がある．さらに，人材評価をより良いものとしていくためにも，学問的な知見を実務に適用するなど，たゆまない努力が研究者や実務家に求められているのである．

参考文献

Green, P. C., 1999, *Building Roburst Competency*, Jossey-Bass Inc.
人事院職員福祉局（2006）『平成17年民間企業の勤務条件制度等調査結果表』
金井壽宏・高橋潔（2004）『組織行動の考え方』東洋経済新報社
金津健治（2002）『"人事評価"に勝つ！』宝島新書
木下武男（1999）『日本人の賃金』平凡社新書
熊沢誠（1997）『能力主義と企業社会』岩波新書
二村英幸（2001）『人事アセスメント入門』日本経済新聞社
二村英幸（2005）『人事アセスメント論　個と組織を生かす心理学の知恵』ミネルヴァ書房
太田隆次（2000）『アメリカを救った人事革命　コンピテンシー』経営書院
岡本浩一（1999）『〈能力主義〉の心理学』講談社現代新書
笹島芳雄（2001）『アメリカの賃金・評価システム』日経連出版部
鈴木敦子（1997）『人事・労務がわかる事典』日本実業出版社
SHRM, 2006, *THE SHRM LEARNING SYSTEM: MODULE 3 HUMAN RESOURCE DEVELOPMENT*.
Spencer, L. M. and Spencer S. M., 1993, *Competence At Work*, John Wiley & Sons, Inc.
高橋俊介（1999）『成果主義　どうすればそれが経営改革につながるのか？』東洋経済新報社
内田研二（2001）『成果主義と人事評価』講談社現代新書
ワークス研究所（2003）『Works vol.57　コンピテンシーとは，何だったのか』
渡辺一明（2000）『コンピテンシー成果主義人事』日本実業出版社

第5章

女性の働き方と職業キャリア

「職業キャリア」とは個人が職業上たどっていく経歴のことである．仕事の経験を積み重ねることで自分の職業能力を育て，「職業キャリア」を形成することができる．

「職業」には，経済的評価を伴う職業と，家庭の仕事，地域活動，ボランティア，趣味等，必ずしも経済的評価を伴うものではない立場や役割もある．本章では，経済的評価を伴う職業に限定して，女性の職業キャリアの形成のあり方や職業選択の視点について論点を整理していきたい．

1．女性の職業キャリアを考える視点

（1） 女性の職業キャリアに対する意識の変化

いわゆる高度経済成長期には，外で働く夫を支えるのが妻の役割であり，家庭を守る「主婦」の役割が期待された．女性の就職が一般的になってからも，学校を卒業してから結婚あるいは出産まで一時的に働くというのが大半で，長く働き続けるケースはまれであった．

近年の状況について，個人を対象にした意識調査によると，女性が職業をもつことについての意識は，1992～2000年調査までは，「子どもが大きくなっ

図表5-1　女性が職業をもつことに対する意識

グラフの凡例：
- 女性は職業をもたない方がよい
- 結婚するまでは職業をもつ方がよい
- 子どもができるまで職業をもつ方がよい
- 子どもができても職業を続ける方がよい
- 子どもが大きくなったら再び職業をもつ

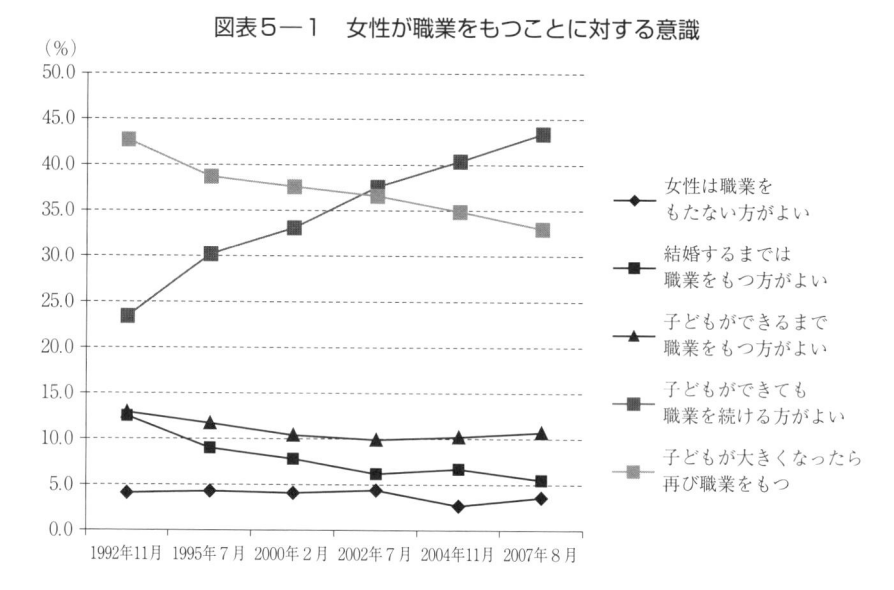

横軸：1992年11月、1995年7月、2000年2月、2002年7月、2004年11月、2007年8月

注）母集団は，全国20歳以上の者（5,000人）を層化2段無作為抽出法により抽出
出所）内閣府（2007）『男女共同参画社会に関する世論調査』をもとにグラフ筆者作成

たら再び職業をもつ」が最も比率が高く，次いで「子どもができても職業を続ける方がよい」「子どもができるまで職業をもつ方がよい」「結婚するまでは職業をもつ方がよい」という順番であった．しかし，2002年調査から上位項目が逆転し，「子どもができても職業を続ける方がよい」が最も比率が高くなり，年々その割合が高くなる傾向にある（内閣府『男女共同参画社会に関する世論調査』2007年）．

近年において，「子どもが大きくなったら再び職業をもつ」という「断続型」から，「子どもができても職業を続ける方がよい」という「継続型」の職業キャリア形成へと意識が変化している傾向がみてとれる．

（2）依然として残るM字型カーブ

「継続型」の職業キャリア形成の志向性が強くなってきたとはいっても，女性の職業キャリアは，男性と比べて出産・育児等のライフサイクルの影響を受

けやすいという特徴がある．

　年齢層別にみたわが国の女性の労働力率は，20代半ばと50代前後という2つのピークをもついわゆる「M字型カーブ」を描くことが知られている．これは，出産・育児を機にいったん離職・非労働力化し，その後育児が終わってから再び働き出す女性が多いことを反映しており，わが国における継続就業の難しさを示している．

　このM字型カーブを時系列で比較してみると，とくに25～34歳における「窪み」が傾向的に浅くなってきている．しかし，これは女性が継続就業するようになったことよりも，晩婚化や晩産化により，独身者や子どものいない既婚者といった労働力率の高い人びとの割合が増加したことが大きく寄与している（総務省『就業構造基本調査』2002年）．

　つまり，既婚女性においては，依然として出産・育児等の機会に職業キャリアを中断してしまうことが多いのが現状である．既婚女性は，少なからず夫や家族・家庭の拘束を受けるウェイトが大きく，様々な転機に見舞われる．たとえば，夫の転勤に伴い転職せざるを得ない，出産・育児に伴い離職せざるを得ない，親の介護に伴いフルタイムからパートタイムに切り替えざるを得ないといったケースである．このように，本人の仕事への希望や意思がありながら，継続就業が難しくなるという状況が多々起きている．

(3) 女性の職業キャリアの継続を促す要素

　それでは，既婚女性の職業キャリアの継続を促す要素は何か．大卒女性の意識調査によると，職業キャリアの継続に必要なことは，

　① 本人の意思（76.1％）

　② 配偶者の協力（54.0％）

　③ 女性を一人前に取り扱ってくれる企業風土（48.5％）

　④ 職場の上司の女性を活用する姿勢（42.7％）

　⑤ やりがいのある仕事であること（42.6％）

　⑥ 相談できる上司や同僚がいること（40.4％）

となっている（21世紀職業財団『大卒者の採用状況及び総合職女性の実態調査』2000年).

まず本人の意思が最も大きな要素であるというのは，もっともな結果であろう．自分の中に一貫したキャリア形成を意識することができれば，何とか仕事を続ける方法を工夫したり，やむを得ず離職をすることになっても，別の形でそれまでのキャリアを生かした新しい仕事についたり，ライフサイクルの転機を乗り越える工夫や努力をすることができるということであろう．

また配偶者の理解や協力の有無が，しばしば女性の継続就業を左右する大きな要因となる．有業者である夫と妻の一日の生活時間をみると，家事・育児時間が妻に偏っていることが明白である（総務省『社会生活基本調査』2006年）．これは，依然として男女の固定的な役割分担意識が根強いこと，さらに夫の長時間労働により物理的に家事・育児の負担が妻に集中することが，要因としてあげられる．

男性の職業生活と家庭生活のあり方について，男性側の意識を変革すると同時に，企業の意識や取り組みの転換も求められている．「男社会」「仕事人間」「働き過ぎ」のキーワードに代表されるように，男性が仕事一辺倒で家庭生活を振り返る余裕もないというかつてのサラリーマン像を前提とした企業経営を見直す必要がある．企業や男性上司が，女性を一人前に取り扱ったり，女性に仕事を任せ活躍の場を与えるという姿勢がとれるかどうかも，大きな要素となっている．

それでは，企業の女性活用をめぐる意識や取り組みはどのように変わってきたであろうか．次に，具体的に確認していきたい．

2．企業における男女格差の状況

1986（昭和61）年，「男女雇用機会均等法」が施行された．同法は，雇用の分野における男女の均等な機会および待遇の確保を図るとともに，女性の福祉

の増進と地位の向上を図ることを目的とした法律である．事業主は，募集・採用，配置・昇進，教育訓練，福利厚生，定年・退職・解雇において，男女差をつけてはならないということが明確にうたわれた．

成立当初は，努力義務規定であったため，その効力を十分に発揮することができないという批判も多かった同法だが，1997（平成9）年の改正により，努力義務規定が禁止規定に強化された．さらに2007（平成19）年の改正では，性別による差別禁止事項の拡大（男女双方に対する差別の禁止）や，妊娠・出産等を理由とする不利益取り扱いの禁止，セクシュアルハラスメント防止対策等を定め，強化・発展を遂げている．

同法の施行・改正により，企業側の意識や取り組みも次第に変化した．1980年代は，経済のサービス化，ソフト化が進展し，第3次産業を中心に女性の職場進出も一段と進んだ時期でもある．この間，女性の勤続年数も徐々に長期化している．しかしながら，昇進・昇格や賃金等の面において，男女の格差は依然としてみられる．

(1) 低い女性の管理職比率

まず，女性の管理職への登用である．管理職に占める女性割合についての調査によると，係長相当職は10.5％，課長相当職は3.6％，部長相当職は2.6％となっている．経年では上昇傾向が認められるものの，きわめて低いという状況になっている（厚生労働省『女性雇用管理基本調査』2006年度）．

これは，女性が必ずしも企業の階層を上昇していく職業キャリアの形成を望むわけではないということ，出産・育児により，産休や育休の取得といったキャリア形成の一時的な中断があることが，昇進・昇格を遅らせる要因となっていると考えられる．一方で，昇進・昇格について実態上は男性優位になっているケースや，女性の昇進・昇格がある職階や等級で頭打ちになっているケースも見受けられるのは事実である．

(2) 男女間の賃金格差

男女間の賃金格差も依然として大きい．大学・大学院卒の所定内給与の平均

額は，男性が399.6千円，女性が273.5千円となっており，男性を100.0とした時の女性の賃金割合は，68.4％となっている．

これを年齢階層別にみると，20～24歳では94.7％だったものが，徐々に格差を広げて，50～54歳で最大の68.1％となっている（厚生労働省『賃金構造基本統計調査』2008年）．

こうした状況の背景としては，女性の場合，正社員に比べて賃金水準が低いパートタイマーやアルバイトに就労するケースが多いことがあげられる．パートタイマーやアルバイトとして働く主婦の場合，収入が一定範囲を超えないように調整する人も多い．

また，正社員であっても，昇進・昇格のスピード，役職への登用の有無，勤続年数の違いなどが大きく影響しているものと考えられる．そうした要因を背景に，男女の賃金格差は依然として縮まない状況にある．

3．女性の継続就業を推進する企業の取り組み

一方で，男女雇用機会均等法の制定後，育児休業法の施行や短時間勤務制度が導入され，出産・育児を通じた就業継続や，仕事と育児の両立を支援する企業の対策が進んだ．

また，男女の格差を積極的に解消しようとする企業のポジティブ・アクションの取り組みも展開されている．さらに，近年では男女にかかわらず，仕事と私生活のバランスを考えた働き方を模索する動きが出てきている．

(1) 育児休業

育児休業制度が規定されている事業所の割合は，年々多くなっている．30人以上の事業所で，1996（平成8）年度は60.8％，1999（平成11）年度は77.0％，2002（平成14）年度は81.1％，2005（平成17）年度は86.1％となっている．とくに500人以上の大企業では，すでに99.2％にまで制度を規定している企業の割合が増えている（厚生労働省『女性雇用管理調査』2005年度）．

育児休業取得者の割合については，全産業合計で，出産した女性労働者は88.5％，配偶者が出産した男性労働者は0.57％となっている．女性労働者については年々その取得率が増えている（厚生労働省『女性雇用管理調査』2005年度）．

一方で，いくら制度が整備されていても，「育児休業をとりにくい雰囲気」「上司や職場メンバーの理解を得られない」といった理由で，実際に育休取得が行われていない企業もある．また，中小企業においては「休業を与える余力がない」「代替要員の確保が難しい」などの理由で，育休の取得が難しいケースも見られる．

制度の整備と同時に，育児休業を取得しやすい企業の職場環境整備が求められている．とくに男性の育児休業取得については，大きく課題を残している．

（2） ポジティブ・アクション

ポジティブ・アクションとは，固定的な性別による役割分担意識や過去の経緯から，男女労働者の間に事実上生じている差があるとき，それを解消しようと，企業が行う自主的かつ積極的な取り組みである．

企業のポジティブ・アクションの取り組み状況についての調査によると，ポジティブ・アクションに「取り組んでいる」企業割合は20.7％，「今後，取り組むこととしている」企業割合は6.7％，「今のところ取り組む予定はない」とする企業割合は22.3％，「今後の予定については，わからない」とする企業割合は50.3％であった（厚生労働省『女性雇用管理基本調査』2006年度）．

「取り組んでいる」企業割合を規模別にみると，規模が大きい企業ほどその割合が高く，一方，「今のところ取り組む予定はない」企業割合も，規模が小さい企業ほどその割合が高い．大企業を中心にポジティブ・アクションの取り組みが広がっていることがわかる．

また，ポジティブ・アクションの具体的な取り組み内容について，比率が高い順に並べると，以下のとおりである（厚生労働省『女性雇用管理基本調査』2006年度）．

① 人事考課基準を明確に定める（68.3％）

② パート・アルバイト等を対象とする教育訓練，正社員・正職員への登用等の実施（47.3％）

③ 出産や育児等による休業等がハンディとならないような人事管理制度，能力評価制度等の導入（41.4％）

④ 職場環境・風土の改善（40.6％）

⑤ 女性がいないまたは少ない職務・役職について，意欲と能力のある女性を積極的に登用（32.7％）

「① 人事考課基準を明確に定める」の割合が最も高く，男女にかかわらず組織として求める人材像の基準を明確に定め，その基準にもとづき評価・処遇しようとする企業の姿勢がうかがわれる．女性のみを対象にした施策は，逆に男性差別であるという考え方も出てきていることもあり，一人ひとりの実力や能力，個性にもとづいた人事管理の施策がとられることは重要である．「④ 職場環境・風土の改善」は，そうした施策を受け入れる土壌づくりという意味合いと考えられる．

2番目に「② パート・アルバイト等を対象とする教育訓練，正社員・正職員への登用等の実施」がきており，女性の占める割合が高いパート・アルバイトという雇用形態で働く層に対する処遇引き上げ策が，ポジティブ・アクションの重要な施策の1つになっていることがわかる．

つづいて「③ 出産や育児等による休業等がハンディとならないような人事管理制度，能力評価制度等の導入」の割合が高くなっている．出産する女性が取得する産休や，現状では女性が取得することがほとんどである育休について，休業取得者に不利益にならないような措置を人事管理制度の中に組み込むことの必要性がうかがわれる．女性のハンディを取り除くことを意識した施策といえる．ただし育休の取得推進については，今後，男女にかかわらない施策として，名実ともに運用されることが期待される．

⑤は女性の起用を意識的に行う施策であるが，上位項目と比べてもやや比率が低く，今後は男女にかかわりなく意欲や能力のある人材を起用していく方

向性へと収斂されていくのではないかと思われる．

（3） ワーク・ライフ・バランス

　出産・育児だけではなく，多様な立場の人びとの仕事と私生活の調和を考えようという動きも広がっている．いわゆる「ワーク・ライフ・バランス」である．近年では，「優秀な人材確保」「社員のモチベーション向上」をねらいに，ワーク・ライフ・バランスの取り組みを推進する企業も増えている．

　たとえば，出産・育児を，妻の産休と育休で乗り切ったとしても，その後の育児期間は長い．乳幼児の時期は，保育所に入所できるかどうかという問題がまず生じる．保育所に入所できたとしても，送り迎えの時間の制約が生じる．風邪や発熱等の体調変化も起こしやすい時期でもある．ベビーシッターを活用するには，経済的な余裕も必要である．近所に夫婦どちらかの両親が住んでいて育児協力を得られれば，何とか仕事と育児を両立させることも可能だが，それもなければ仕事の継続はかなり難しくなってくる．

　やっと小学校にあがっても，低学年のうちはまだ一人で長時間の留守番を任せるのは心許ない．学童保育が整備されていればまだよいが，学童の保育環境は未整備といわざるを得ない．学童保育に入所したとしても，受入時間の制約がある．小学校高学年以上になると，子どもも徐々に自立していくが，今度は，受験の問題や親の介護の問題が発生する．

　こうしたライフサイクルの変化や転機に，妻だけが一人で何とか対応すべく悪戦苦闘するとしたら，妻の側に負担が集中し，継続就業を断念するというのもうなずける話である．そうした状況に対して，夫の側も柔軟に対応できるようにすることができれば，男女含めたワーク・ライフ・バランスが保たれやすくなる．そのために，そうした個々人の生活に合わせて，勤務形態を柔軟に変えたり，残業削減や仕事の負荷の調整を行うことができるような企業のシステムが重要になる．

　これは一例で，既婚・未婚，老若男女を問わず，仕事に偏りがちな生活のバランスを見直し，私生活の中にも生きがいや楽しみを見いだすことができるよ

うな雇用環境の整備を行うことがワーク・ライフ・バランスの取り組みである．こうした取り組みが浸透し，男性も仕事と私生活をバランスさせることが一般的になれば，女性の職業キャリアのあり方もより変化することになろう．

4．女性の職業選択

（1） 女性の職業キャリア形成の重要性

女性が職業をもつことについての意識は，「子どもができても職業を続ける方がよい」という割合が増えていることは冒頭で確認した．では，なぜ職業を続ける方がよいのかということについて，論点を整理しておく．

まず第1に，社会経済の観点からいうと，女性の労働力が求められる時代になったことがあげられる．急速に進展する少子高齢化のもと，労働力人口も将来的な減少が見込まれている．女性や高齢者といった，これまではコアの労働力としてみなされていなかった層が労働力化することが求められている．一人ひとりの女性が職業キャリアを形成し，わが国の産業や企業経営の活性化に貢献することが必要だということである．

第2に，個人の観点からいうと，社会的・経済的な自立や，自己実現の達成という人間の欲求は，本来男女ともに変わらないはずだということである．

しかしながら，これまでは「夫の給料で生計を立てる」「男性は外で働き，女性は家庭を守る」というライフスタイルの中で，社会的・経済的自立が阻害されてきた．これからは，男性・女性がお互いのワーク・ライフ・バランスを保ち，人間本来の欲求を満たしていくことが必要なのではないか．その意味において，女性の職業キャリア形成は重要性をもつ．

ちなみに，大卒の女性標準労働者が，職業を中断することなく定年（60歳）まで勤務した場合の生涯賃金は，2億7,645万円（給与2億5,377万円＋退職金2,269万円）．育児休業を取得して働き続けた場合は，2億5,737万円（給与2億3,503万円＋退職金2,234万円）．出産退職後子どもが6歳で再就職した場合は，

1億7,709万円（給与1億6,703万円＋退職金1,006万円）．出産退職後パート・アルバイトとして子どもが6歳で再就職した場合は，4,913万円（給与4,827万円＋退職金86万円）と推計されている（内閣府，2005, p.143）．

育児休業を取得して働き続けた場合と比べて，いったん退職して正社員として再就職した場合，8,028万円の逸失額．そしてパート・アルバイトとして再就職した場合は，2億824万円の逸失額になる．

いったん退職した後は正社員として雇用されにくく，非正社員で採用されて長く働いても正社員ほど給料が上がらず退職金も大きく違うことで，このような億単位の格差が出るのである．こうした経済的な逸失は，個人や家庭の経済的損失であると同時に，わが国経済産業の活力にも大きく影響する．

なお，内閣府では女性有業率と合計特殊出生率（一人の女性が一生のうちで産む子どもの平均人数）の間の相関について次のように分析している．1971年時点では，女性有業率と合計特殊出生率の間に相関はみられないが，1987年，2002年時点では，女性有業率の高い都道府県の人が合計特殊出生率が高いという正の相関関係がみられるというものである．

わが国においては，すべての都道府県で合計特殊出生率が低下傾向にあり，出生率の低下幅が小さく抑えられている地域をもって直ちに「仕事と家庭の両立」の成功モデルとみることは難しいと指摘する一方で，出生率の低下幅が小さく抑えられている地域は，他の地域よりは，仕事と子育ての両立を支える社会環境が整ってきていると考えられると分析している（内閣府，2006, p.2）．

両立支援の環境整備が今後ますます進むことによって，女性が職業をもつことと出産・育児を両立しうるという仮説に対する心強いデータであるといえるのではないか．

(2) 女性の職業選択の着眼点

では，自分に合った職業選択はどのように行えばよいのか．ここでは，とくに女性の職業選択をめぐる論点についてふれたい．

① 自分を知る

まず，自分を知ることが必要である．自分を知るとは，「自分の好きなこと」「自分ができること，得意なこと」「自分の個性，特徴」を知るということである．

物心がついた子どもの頃から今に至るまでを振り返ってみるとよい．自分が最もワクワクした出来事，これまでにないような充実感を感じた出来事，人にほめられたり評価されたりした出来事，自分としてとてもよくできたと思える出来事を書き出すのである．

これまでの人生で自分が好んで選択してきた志向性や，発揮してきた能力を認識することにより，自分に合った職業選択の手がかりを得ることができる．とくに女性の場合，男性と比べて就「社」ではなく，「職」にこだわる志向性が強いため，"自分の持ち味や個性を生かせる仕事は何か"という視点がより重要になる．

これを明確に描くことができれば，たとえ転職・離職を余儀なくされるようなことがあっても，キャリアの積み重ねを継続しうる，自分自身の軸ができることにもつながる．

② 業界，企業，職業を知る

そもそも世の中に，どんな業界があるのか，どんな職業が存在するのか，見聞を広める必要がある．自分がこれまで見聞きして知り得た職業に関する情報は，きわめて限られた狭い領域であると思ったほうがよい．筆者も，現在コンサルティングや調査で，さまざまな業界・業種の企業を訪問する機会が多いが，いまだに「こんな仕事があったのか」と改めて驚かされることもある．

数多くある業界，業種，職業の中で，興味のある業界や仕事にターゲットを絞り込んでいって，最終的に特定の企業，職業に決定するのであるから，この"出会い"は大変な確率になる．

そのため，業界情報，企業や職業に関する情報収集は，できるだけ幅広く行いたい．とくに女性の活躍の状況は，業界本や企業のうたい文句だけではわからない面が多い．実際に女性がどのような分野で活躍しているか，さらに個別

企業においても，女性の処遇，管理職への登用，キャリアアップの道筋，教育制度等のシステム面や，実際に女性がどのような部署や仕事で活躍しているかという実態について，広くそして突っ込んだ情報収集を行うことが重要である．

　文字情報ばかり収集していても，その企業や職業の実態はみえてこない．「こんなはずじゃなかった」というミスマッチによる早期離職が多いのも，企業や職業に関する情報収集が十分ではないことによる．情報収集を行う場合，できるだけ「見る」「聞く」「体験する」という五感で実感できる方法をとることが重要になる．

　たとえば，OB・OGの先輩の話を直に聞く．リクルーターは自分が勤務している企業の良いことしかいわない可能性があるので，リクルーターではない人にもアプローチしてみる．実際に働いている人の話を聞くことにより，よりリアルに企業や職業のイメージをもつことができる．

　また，インターンシップや体験就業，アルバイト経験を通じて，自分が実際にみて体験して得た情報は，実感にもとづく貴重な情報である．社会やその企業の「現実」により近づくことができる．職業体験は，理想と現実のギャップというミスマッチを解消することにもつながる．

　こうした情報収集や研究を怠り，「何となく」「たまたま」「あこがれ」で就職を決めると，理想と現実のギャップに打ちのめされたり，「気に入らない」「楽しくない」といった感情面が先に立ち，簡単に離職を決断してしまうことになるのである．

③ 自分の職業キャリアイメージを描く

　職業選択において，できるだけ自分のキャリアイメージを描くことが大切である．改めて「何のために仕事をするのか」「どのような職業キャリアを描きたいのか」ということを自分に問うことにより，職業選択において何を重視すべきなのかがみえてくる．

　女性がどのような職業キャリアを歩んでいきたいかという働き方の希望につ

いての調査によると，女性は「専門性を生かした働き方」に対する志向が強いことがわかっている．さらにキャリアイメージをもっている女性ほど，自分の専門性を磨いて仕事に生かす働き方を志向している傾向が強い（産業社会研究センター，2002, p.32）．

これは，先にふれたように女性はライフサイクルの変化に影響を受けやすい立場にあるため，自ずと就「社」ではなく，就「職」という意識が強くなり，年齢を重ねても，職場が変わっても通用するような，コアとなるスキルを身につけたいというニーズが高くなっているということも，一因として考えられる．そうした意味からも，「自分の好きなこと」「自分ができること，得意なこと」「自分の個性，特徴」のとらえ直しをして，それを自分に合った職業キャリアイメージに結びつけていくというのは重要な作業となる．

(3) 女性が自分に合った職業キャリアを形成するために

そうはいっても，自分に合った職業に出会い，職業キャリアを形成するということは，実は大変難しい．就職前の自分の考えや志向は，ほとんどの場合，仕事を始めてから変化する．仕事の経験の積み重ねによって，自分の中にある「仕事に生かせる能力や特徴」について，新たな発見をしたり，ある経験をきっかけに次第にはっきりしてくることが多い．

若い頃の様々な「一貫性のない」職業経験が，職業人生のある時点で有機的につながりをもち統合され，その後の職業キャリア形成の大きな糧となるケースも多々ある．

いずれにしても，できれば30歳くらいまでには，自分なりの職業キャリアのイメージをはっきりと描けるようになることが望ましい．自分の中にある「仕事に生かせる能力や特徴」を発見することができれば，それが職業能力の核となり，他の能力が付加されて，職業能力の有機的・立体的な構造がつくられていく．

図表5—2は，職業能力発展のイメージを図にしたものである．■が核となる職業能力で，●は他の能力が付加されていくというイメージである．たとえ

図表5—2　職業能力発展のイメージ

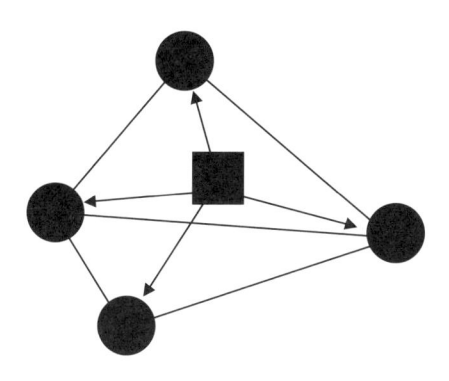

出所）㈱産業社会研究センター（2002）『ポジティブ・アクションを促進するための調査研究報告書』

ば，金型メーカーに勤務するある女性は，入社当初，金型の設計図面を読むこともできなかったが，手書きの図面をCAD（Computer aided design）でそのままトレース（書き写す）するうちに，CADで図面を描くことの楽しさを実感するようになった．経験とともに，「灰皿を見ても，図面が頭の中に浮かんでくるようになった」といい，「自分はこの仕事に向いているのでは」と感じるようになった．次第に「空間的な想像力」が自分自身の職業能力の核となることに気づいたのである．

これに，経験とともに読図力，CADの操作能力が付加され，次第に任される仕事の範囲も広がっていった．さらに持ち前の明るい性格，人と話をするのが好きという特徴が，製造現場や顧客と良好なコミュニケーションや調整を行う能力として磨かれ，職業に生かされ，次第に設計全体に責任をもつようになっていった（産業社会研究センター，2002，p. 48, pp. 153-154）．

この事例でみると，「空間的な想像力」が■＝職業能力の核となり，それに●＝「読図力」「CADの操作能力」「コミュニケーション能力」「調整力」が付加されていき，金型設計者としての職業能力が有機的・立体的構造としてつくられていったことになる．

このように，女性が自分自身の核となる職業能力に気がつき，自己の持ち味や特徴を生かすことができる職業キャリアのイメージを描くことができることが，職業キャリア形成の大きな支えになるのである．

5．早期離職の現状と対応

最後に，近年の若者の早期離職の状況についてふれておきたい．せっかく苦労して職探しをして，厳しい就職戦線を勝ち抜いたのに，早い時期に離職する若者が多い．1つの会社に長く勤め続けようとする意識が弱まり，就職後，明確な目標がなく早期離職する者や，いわゆるフリーターとしての就業行動をとる者が多くみられる．転職が容易な時代となり，定職という意識にこだわらない多様なスタイルの働き方が普及したこともあって，安易に離職・転職を決断するケースも多い．若年者の離職理由を聞いた調査によると，上位5項目は次のとおりである．

全体では，「給与」「会社の将来性・安定性」「労働時間」が上位3項目となっている．

男女別の傾向をみると，男性は，「給与」「会社の将来性・安定性」「労働時

図表5－3　若年者の前職の離職理由　　　　　　　　（単位％）

全体（n=3,630）	男性（n=2,504）	女性（n=1,111）
① 給与に不満（26.6） ② 会社の将来性・安定性に期待が持てない（22.6） ③ 労働時間が長い（21.8） ④ 仕事のストレスが大きい（21.7） ⑤ 職場の人間関係がつらい（15.6）	① 給与に不満（29.2） ② 会社の将来性・安定性に期待が持てない（26.0） ③ 労働時間が長い（23.5） ④ 仕事のストレスが大きい（20.0） ⑤ キャリアアップするため（13.3）	① 仕事のストレスが大きい（25.5） ② 職場の人間関係がつらい（21.7） ③ 給与に不満（20.9） ④ 労働時間が長い（18.2） ⑤ 会社の将来性・安定性に期待が持てない（14.9）

出所）労働政策研究・研修機構（2007）『若年者の就職理由と職場定着に関する調査』の調査結果より，前職が正社員で，転職して他社に勤務している人の調査結果を抽出

間」が上位3項目になっており，その比率は女性より高い．一方，女性は，「仕事のストレス」「職場の人間関係」「給与」が上位の離職理由としてあがっている．男性は，給与や労働時間といった労働条件や，会社の将来性・安定性といった「会社」のシステムやあり方によって受ける影響が大きいが，女性は，「仕事そのもの」や「配置された職場」によって受ける影響が大きいという特徴が浮かんでくる．

　どんなに入念な企業研究や仕事研究をして職業選択をしたとしても，「直属の上司と反りが合わない」「職場のチームワークが悪い」「仕事量が多く，身体がもたない」といった問題が少なからず生じる．そうしたストレスは，時に「仕事のやりがいや面白さ」を大きく押し退け，退職という決断へと導くことがある．

　また，「給与」や「労働時間」といった問題も，実際に働きはじめてみないと実感としてわかりにくい要因である．それは単に労働条件の問題だけではないケースが多い．多くの企業では，賃金配分の仕組み，昇給を決定する納得性のある評価システムなどの課題をかかえている．

　労働時間についても，所定労働時間の短縮は進んでいても，所定外労働時間（残業や休日出勤）が多く発生しているという企業は多い．また，特定の部署だけが忙しいとか，同じ部署でも特定の人だけが忙しいといった，仕事の割り振りや配分の問題もある．効率的に業務を進めることができる職場環境がどれだけ整備されているか，お互いの連携やコミュニケーションがどれだけとれているかということも，労働時間に大きく影響する．

　こうした状況に対して，国も若者の早期離職を何とか食い止めようと対策を講じているところである．若者の職業や働き方に対する意識啓発も，さかんに叫ばれている．企業の危機意識も大きく，働きやすい職場環境整備が引き続き課題になっている．

　女性が職業キャリアを形成するための阻害要因が，結婚や出産・育児といったライフサイクルの変化だけではなく，「会社や職場環境に対する不満」や

「気に入らない」「楽しくない」といった感情的な理由が大きな要因となり，職業生活の入口の所でつまずいているとすれば，こうした事態への対応が急務であるといわざるをえない．

参考文献
内閣府（2005）『国民生活白書』ぎょうせい
内閣府（2006）『少子化と男女共同参画に関する社会環境の国内分析報告書』
㈱産業社会研究センター（2002）『ポジティブ・アクションを促進するための調査研究報告書』

第Ⅱ部 事例編

第6章

電機メーカー：ソニー

1．電機業界と経営環境の変化，企業の課題

(1) 電機業界の動向

　日本経済新聞が集計した全国上場企業の2008年3月期決算（連結）によると，電機業界は売上高84兆1000億円と全産業の中で最大で，6年前と比べ経常利益の増加が最も大きな業界であった．デジタル化という技術基盤の変革にともない，各社が構造改革を推進したこと，AV家電の「新三種の神器」（薄型テレビ，DVDレコーダー，デジタルカメラ）が大ヒットしたことが寄与している．この集計だけをみると，電機業界はまことに好調で万々歳のようにみえた．

　しかし，その半年後サブプライムローンに端を発した金融危機は全世界を100年に1度といわれる景気後退に突入させてしまった．

　長年自動車産業の頂点に君臨していたGMが破綻し，そのGMを追い抜き世界のトップに躍り出たトヨタも2兆円の利益から一転して大幅赤字転落になるという激震に襲われている．

　電機業界も大手9社（日立，パナソニック，ソニー，東芝，富士通，NEC，三菱，シャープ，三洋）の業績は下記のとおりの苦境に落ち込んでいる．

	売上高	最終損益
08年3月期	56兆3300億円	2兆3700億円
09年3月期	49兆3400億円	▲2兆2200億円
10年3月期（予想）	46兆3700億円	▲　6220億円

このような誰もが想像もしなかった急激な変化の中で各社は工場閉鎖，人員削減，事業再編，業界再編，トップ経営陣の交代等々懸命の変更を進めている．

(2) 経営環境の変化

近年，企業環境が大きく変わってきている．図表6―1によれば，企業が中央にあり，企業をとりまく株主，顧客・消費者，従業員，協力メーカー，競合他社といろいろな関係者がある．こういう環境の中で企業は成り立っている．最近は，市民社会意識を表明する各種NPOの活動も活発である．

また，環境問題という重要な課題に対応するために，企業は今まで見逃されていたことにも対応していかなければならない．そして，グローバル化の進展により国の内外の競争に勝ち残っていかなければならない．消費構造においても価値観が多様化し多種多様な消費者がいて，それらのニーズに対応していかなければならない．企業をとりまく環境は，このように厳しくなってきている．これは企業に限らず官庁，学校など公共機関にも同じように大きな変化が押し寄せてきている．

今日，「変化に対応できない企業あるいは組織は死を待つのみ」といわれ，変化に対応できない企業，組織，あるいは人は，結局，その存在が許されなくなってしまう．厳しい競争を展開しているコンビニエンスストアのセブン・イレブンの鈴木会長も，「変化に対応できなければ企業は瓦解する」と言っている．世の中の変化のスピードと同じスピードで変わるだけでは停止している状態でしかなく，世の変化のスピード以上の速さで変化した企業が勝ち残ること

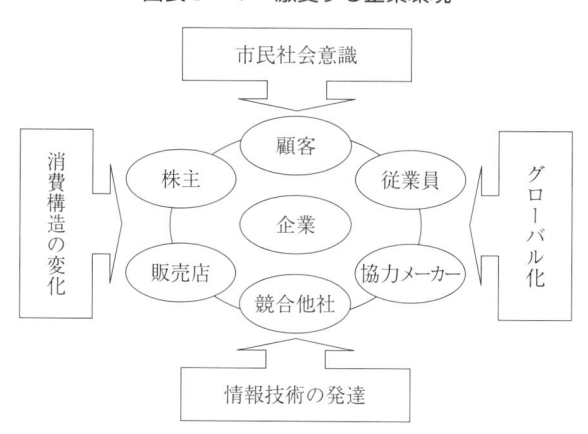

図表6－1　激変する企業環境

```
          市民社会意識
               ↓
        ┌─顧客─┐
   消費  株主    従業員   グ
   構造  │ 企業 │      ロ
   の    │    │      ー
   変化  販売店  協力メーカー バ
        └競合他社┘      ル
               ↑       化
          情報技術の発達
```

になる．このように世の中の変化に組織を適応させ，常に変身していくことが企業には要求される．と同時に，企業が持つDNAをしっかりと後世に伝えていく長期的視野に立った変革をしていく経営体質が必要である．

(3) 企業組織のコア（中核）——風土，カルチャー，経営理念

企業組織を氷山にたとえてみると，企業の戦略，事業計画，組織，制度などはいわば水面上に見える氷山の一角である．企業はこうした部分を経営状態が悪くなったり，新しいビジネスを伸ばそうとするときに変えたりするわけだが，この水面上に浮いている部分を変えただけでは，企業はなかなか変わらない．大事なのは水の下に沈んでいる見えない部分で，むしろこちらのほうが氷山の本体であり，浮いている部分よりもはるかに大きい．しかも，水面下の氷山には変えなければならないものと，変えてはならないものがあることを忘れてはならない．

この水面下の部分は，長い歴史の中でつくられたその会社のカルチャー，企業体質と位置づけられるが，それはどういうことで形成されるのかと考えてみると，2つあると思う．

1つは，その組織が何をやるために組織されたのかという「目的」である．

企業，学校，軍隊，警察なども，それぞれのなすべき「目的」を遂行するために人為的にその組織がつくられている．企業の場合，ものを売ったり，ものをつくったり，情報をもとにしてビジネスを行ったり「目的」の違いによって，その企業，組織の風土，体質が決まってくるのである．ここで注意しなければならないことは，時代の変化に対応するつもりで「本業」（本来の目的）を忘れ，目先の対応で，組織を目まぐるしく変え，それまで培ってきたDNAともいえる企業の風土，体質が変わってしまい，結果的に由って立つ「本業」で弱い組織になってしまうことを避けなければならないということである．

もう1つは，「創業者の経営理念」が大きな影響を与える．たとえば，松下電器（現パナソニック）では，松下幸之助氏が松下の7精神（産業報国の精神，公明正大の精神……）を掲げ，今日でも全社員がこの創立の精神を毎朝唱和して仕事が始まるという．日立では創業者小平浪平氏が日立精神（和，誠，開拓精神）を掲げている．ソニーでは後述で詳しく説明するが，創業者井深大が「東京通信工業株式会社設立趣意書」の中で，今日でも立派に通用する経営理念を書いている．このように創業者がどのような企業をつくろうとしたかという理念は企業経営の底流に厳然として流れている．そういう意味で「創業者の経営理念」はいわばDNAであり企業の体質をつくる上で非常に重要なものである．

2．創業の理念と成長期の出来事

(1) ソニー創業の理念と経営方針

先に，創業者の経営理念が企業のカルチャーをつくる上で大事だということを述べた．これをソニーの例でみてみる．ソニーの設立の目的は，図表6-2にあるように，「真面目ナル技術者ノ技能ヲ最高度ニ発揮セシムベキ，自由闊達ニシテ愉快ナル理想工場ノ建設」，「日本再建，文化向上ニ対スル技術面，生産面ヨリ活発ナル活動」，「国民科学知識ノ実際的啓蒙活動」ということがうたわれている．ソニーの前身東京通信工業は1946（昭和21）年，東京がまだ焼野

が原だった戦争に負けた年の翌年にスタートした．そんな時代にもかかわらず，設立趣意書の中にこのような志の高いことを宣言している．この設立趣意書には，21世紀の現在でも十分に通じる内容が書かれている．「国民科学知識ノ実際的啓蒙活動」についても，1959（昭和34）年に「ソニー理科教育振興資金」（現ソニー教育資金）を設立し，全国の小中学校へ科学知識の普及推進をしてきた．

次に，図表6－3に経営方針がある．「不当ナル儲ケ主義ヲ廃シ，飽迄（あくまで）内容ノ充実・実質的ナ活動ニ重点ヲ置キ，徒ニ規模ノ大ヲ追ワズ」とある．この考えにしたがって，売上げを大きくするためとか儲かるからこの商品をつくろうという発想ではなく，「夢」を実現するために，世の中にないもの，他人のやらないことに敢えて挑戦してきた．その結果として，連結売上げ8兆8700億円（2008年3月期）という規模になった．

また，「極力製品ノ選択ニ努メ技術上ノ困難ハ寧ロ之ヲ歓迎」とあるが，戦後，暮らしの三種の神器（白黒テレビ，冷蔵庫，洗濯機）がどんどん普及しはじめたころは，どこの家電メーカーもこれらを一斉にやりだした．とにかくつくれば右から左へ売れたからである．しかし，そのような時にもソニーは，他人

図表6－2　ソニーの経営理念（目的）（東京通信工業設立趣意書（抜粋））

- 真面目ナル技術者ノ技能ヲ最高度ニ発揮セシムベキ自由闊達ニシテ愉快ナル理想工場ノ建設
- 日本再建，文化向上ニ対する技術面，生産面ヨリ活発ナル活動
- 国民科学知識ノ実際的啓蒙活動

図表6－3　ソニーの経営方針（東京通信工業設立趣意書（抜粋））

- 不当ナル儲ケ主義ヲ廃シ飽迄内容ノ充実実質的ナ活動ニ重点ヲ置キ徒ラニ規模ノ大ヲ追ワズ
- 極力製品ノ選択ニ努メ技術上ノ困難ハ寧ロ之ヲ歓迎
- 従業員ハ厳選サレタル可成小員数ヲ以ツテ構成シ形式的職階制ヲサケ一切ノ秩序ヲ実力本位，人格主義ノ上ニ置キ，個人ノ技能ヲ最大限ニ発揮セシム

のやらない技術的に難しいものに挑戦して，世界初の製品を続々と生み出してきた．

さらに，「従業員ハ厳選サレタル，可也（なるべく）少員数ヲモッテ構成シ形式的職階制をサケ，一切ノ秩序ヲ実力本位，人格主義ノ上ニ置キ，個人ノ技能ヲ最大限ニ発揮セシム」とある．今でこそ「少数精鋭主義」は多くの会社がうたうようになったが，○○一家という家族主義や年功序列，終身雇用という企業文化が主流だった時代に宣言された，個人の能力に光をあてこれを尊重するという企業理念であった．職場の中で職位を呼ばず，社長も課長も新入社員も皆お互いに○○さんで呼ぶカルチャーも，このようなところからきている．

(2) 成長・発展期の出来事

次に，ソニーの骨格・体質をつくった出来事について説明しよう．

ソニーの歴史は世の中になかった世界初の商品を出し続けてきたことにあり，会社の骨格や体質もいうまでもなくその中でつくられてきた．しかし，ここでは視点を変えてみてみたい．

① 盛田昭夫フィリップスをみて発奮（1954年8月）

今から50年以上前，トランジスタの製造特許を苦心して取得し，ソニーがはじめてトランジスタラジオを製品化した．盛田（当時専務）がそのラジオをアメリカに売りに行きニューヨークの摩天楼をみて，「こんな国と戦争したんじゃ負けるわけだ」とつくづく思いながら，その後ドイツへ渡った．西ドイツ（当時）は戦前から技術力の高い国として有名で，「こんな技術力の高い国を相手にやっていけるだろうか」と不安を抱きながら，次にオランダのフィリップスの本社へ行った．オランダのアイントホーフェンという辺鄙な村にフィリップスという世界企業の本社があるのを見て，「これならば東洋の小国日本のソニー（東通工）だってやれないことはない」と感じたという．世界を相手にするというソニーの骨格はこのような中で生まれた．

② ものを売らなかったセールスマン（1955年3月）

次は，トランジスタラジオができた時に，盛田が試作品を持ってアメリカに

渡った時のことである．ブローバアキュトロンという有名な時計会社で商談が進み，「10万台買おう．ただし，条件としてブローバアキュトロンのブランドをつけること」と言われた．当時，年商6億円の東京通信工業にとっては20億円近い売上高になる莫大なオーダーで，普通ならば大喜びするところだが，相手方のブランドをつけるという条件に対して盛田はそれを断った．

その頃の社名はまだ東京通信工業だったが，商品にはSONYというブランドをつけていた．「SONYなんて名前は誰も知らないではないか，こんな良い話をなぜ断るんだ」と言われ，「われわれは50年後には，SONYのブランドを世界中に知られるようにしますよ」と言って，この話を断ったのである．

「SONY」というブランドはソニーの最大の財産として全社員に徹底され大切にされている．

③ 日本最初のADR発行（1961年1月）

1958年に社名を東通工からソニーと変えて，社名と商品名が統合され，この頃から急成長に拍車がかかってきた．当時の日本はまだ国として資金が不足しており，アメリカから資金を調達する方法として大蔵省はADR（アメリカン・デポジタリー・レシート＝アメリカ預託証券）の発行を認めることにした．

ソニーも応募したが，山のような経営資料をすべて英文でアメリカの証券取引所に出すため大変な苦労をした．アメリカの証券取引所は株主に対する責任から，経営内容の透明性を厳しく要求してくるので，その基準にしたがってたくさんのデータを毎決算期ごとに出さなければならない．この要請に応える中で，ソニーはグループ全体の経営内容の透明性を高めることに半世紀も前から取り組み続けてきた．このことが，透明性の高いソニーの企業体質をつくることにつながってきたといえる．

3．組織，人材に対する考え方と施策

企業は「人」といわれる．井深がつくった創業の理念を達成するために，ソ

ニーで働く社員をいかに扱い育成してきたか，具体的施策は時代によって違うものの，その根底に流れる人材育成に対する考え方を中心に述べたい．

(1) 人事開発綱領

今では何万人という社員をかかえながら，創業時の「経営理念」や「企業目的」を掲げて成長してきたのがソニーである．ソニーには社員を育てる上での考え方，方針として「人事開発綱領」というものがある．人事を担当するスタッフは，この綱領の内容を指針として日常の仕事を進めている．

図表6—4は，その中から主要な項目を取り上げたものである．

「社員一人ひとりの人生は，ソニーで働くことが総てではない」というのは当たり前のことだが，この頃は，まだ滅私奉公という風潮が常識だった時代である．そんな中で「会社で働くことだけが人生ではありませんよ」ということを，企業側が社員へのメッセージとして表明しているわけである．

次に，「社員が人間的な誇りを持ち，伸び伸びと力を発揮できる風土がソニーの中に作られねばならない」とか，「管理環境不備のために埋もれている人材があることを会社は絶えず反省すべきである」とある．これは，社員一人ひとりがもっている力を伸び伸びと発揮できる環境をつくらなければならない，そのためにいろいろな制度をつくり運用することを人事担当者に求めているのである．たとえば，上司が間違ったアサインメント（配置）をしたり，正当な

図表6—4 人事開発綱領（抜粋）

1. 社員一人ひとりの人生は，ソニーで働くことが総てではない．しかし，少なくともソニーでの仕事は，社員の人生を豊かにしまた人間としての成長を約束するものでなければならない
2. 社員が人間的な誇りを持ち，のびのびと力を発揮できる風土がソニーの中に作られなければならない
3. 優秀な能力と高い意欲を潜在的に持ちながら，管理環境不備のために埋もれている人材があることを会社は絶えず反省すべきである
4. 優秀な社員の数がソニーの将来を決定する．……ソニーに最も適した人材をできるだけ多く選ぶ選考方法の研究開発は鋭意すすめられねばならない

評価をしなかったりして，優秀な人材が埋もれてしまう場合もある．組織が大きくなればなるほどそういう問題が出てくることを，人事担当者はしっかり心して仕事に取り組まなければならないことが強調されている．

また，「ソニーに最も適した人材をできるだけ多く選ぶ選考方法の研究開発」という課題に対しては，過去にも会社の保養所に受験者を宿泊させ，数日かけて与えられたテーマを街に出て市場調査をやり，その結果を発表するというプロセスの中で選考するというユニークな採用をやっていた．筆者が人事本部長のときに，「学校名不問採用」すなわち履歴書に学校名を書かせないで採用選考を実施した．それが発表されたとき，マスコミでも話題になり他社の人事担当者から学校名がわからないでどうして採用できるのか，という問い合わせが非常に多かった．それまで履歴書には一応，学校名を書くようになってはいたが，学校名で判断するわけではなく，いろんな人が別の角度から受験者をみて選ぶという面接を重視していたから，ソニーとしては不思議でも何でもなかった．しかし，その後，履歴書に学校名は書かせずに人物本位で採用している会社が出てくるようになった．

(2) 個を生かす人事諸制度

ソニーにおける人事諸制度は，上述した人事開発綱領をもとに運用されている．個々人の能力を最大限に発揮させ，個人が組織の中で埋没しないようにするために取り組んできたのが，個を生かす人事諸制度の導入・活用である．

その中のいくつかを紹介する．

① 社内募集

個を生かす人事諸制度の代表的なものとして，「社内募集」があげられる．社内募集では，新プロジェクトの立ち上げなどで自部門の人材だけでは不足するような時に，「これこれこういう人材を募集します」と社内報に掲載する．応募者は当該部門の責任者と面談しお互いに合意すれば，必ずその人を異動させなければならないという制度である．

このルールは大原則なので，部下を抜かれる部門の管理者は断ることはしな

い．その代わりに同じ能力，経験をもった補充要員を要求される．これに応えなければならない人事スタッフは大変な苦労をしなければならない．この制度は，マネジメントが悪いといつ自分の部下が他所へ行ってしまうかわからないので，管理職層にしっかりとしたマネジメントをしなければならないという緊張感を常に与えるという効果がある．

ソニーでは，こういう制度によってできるだけ個人の意欲をすくい上げようとしてきた．最近では，「マイキャリアサーチ」という，イントラネットの中で人材募集の情報を公開し，それを通じて応募するという方式で実施している．同一職場に最低3年は在籍しなければならないというようないくつかの条件はあるが，この仕事をやりたいという社員の意欲を大事にするため，関係者は大変な努力をしているのである．

② 自己申告制度

「自己申告制度」は，全従業員が毎年2回「自分の仕事はどうだったか，次はどんな仕事をやりたいか」などを書いて提出し，上司と面談を行う中で仕事の評価，将来の方向性などについて話し合っている．

③ 通年採用，キャリア採用

「通年採用」は，最近多くの会社で実施するようになってきたが，ソニーは昔から「キャリア（経験者）採用」を積極的に行っていて，年がら年中採用をしている．業績が悪くて新卒採用を絞っているときでも，いい人がいれば経験者採用で採っている．社員の採用は新卒だけに限定するという会社もあるが，ソニーではできるだけ多くの異質の血が混じり合いぶつかり合う中で，新しい発想が出てくることを大切にしている．

④ 年俸制

管理職の「年俸制」も，ソニーでは1967年という早い時期にスタートしている．バブル景気が崩壊した1990年頃から，管理職クラスを対象に，実質は給料を抑えるための方策として年俸制をとりだした会社が続々と出てきたために，一般に年俸制はいいイメージをもたれていないふしがある．しかし，ソニ

ーが導入した時には，年俸制の適用になる対象が管理職クラスだけだったから，やっと年俸層に入れたという誇りをもっており，明らかに大きなモチベーションになっていた．今もそれは変わらない．

⑤ 専門職制度

「専門職制度」も会社によっては，管理職クラスになったが，本当の意味で部下をもつ管理者になれないような人を専門職と称して，一人で仕事をさせるところがある．ソニーの場合は，技術の会社であり，「マネジメントなんかやりたくない，自分の技術をとことん追求したい」という人がたくさんいる．そういう人たちを無理に管理職にして，部下の面倒をみさせたり評価をやらせると，かえって問題を起こし会社としては損失になる．優秀な技術をもっている人は，それをさらに高めてほしいという意図から設けたのが専門職制度である．厳しい選考をへて専門職になる人は数が少なく，若い社員のあこがれの的となるような存在の人たちが多い．

⑥ 電話相談

「ダイヤル3000番」は，3000という番号に電話をかけると，仕事の悩みなどを受ける部署があり対応してくれる．また，「ダイヤル2000番」もある．これは自分がいま担当している仕事に関連して，こういうことをやっている人はいないか，こういう技術に詳しい人はいないかなど，仕事に関するいろいろなことを相談するためのものである．最近は，「レディースダイヤル4321」というものもあり，これは，女性が女性だけに相談したいような問題について対応する制度である．このようにインフォーマル・インフォメーションを大事に扱うことにより，組織の風通しも良くなるのである．

（3） 企業と個人の新しい関係

これまで日本では，一般に企業と個人の関係は相互依存的なもたれあい的なところが強かったといえる．お互いにもたれかかっている関係では，企業が福利厚生制度やいろいろな施策を設けて，社員を家族の一員のように扱うのが良い企業とされていた．そこでは一律に集団管理が行われ，1つの組織の中でじ

っとしていれば，ぬくぬくとして居心地のいい関係があった．

　しかし，冒頭で述べたように，世の中が大きく変わってきており，変化に対応していくためには社員一人ひとりが自立していかなければならない．年功序列制，終身雇用制といった日本特有の企業制度もここ数年の間に大きく変わってきた．日本を代表する大企業の多くで早期退職などが行われ，M&Aという企業買収もニュースで取り上げられることが多くなった．

　名のある大企業に入社すれば，あとは定年まで安泰などということはなくなってきているのである．企業としてはグローバルな競争の中で生き残るためには，変化に即座に対応できる体質が要求される．同時に，そのことは企業の中にいる社員自身にも同じように求められる．会社に依存しもたれかかるだけではなく，会社の仕事を遂行し達成する中で，会社が変わっても，企業を離れても「通用するビジネススキル」をできるだけ早く身につけることが大切である．

4．研究開発志向のカルチャーとその実践

（1）　ソニーカルチャーのキーワード

　図表6－5は，ソニーカルチャーのキーワードを示している．

　「朝令朝改」というキーワードがある．もともとは朝令暮改といって，ものごとがくるくる変わることを戒める言葉であるが，ソニーには，朝令朝改，朝決めたことが朝変わってもいいというカルチャーがある．これは，なぜかというと，世界初の製品を手がけてきた過程では，昨日まで使われていた技術がどこかで新しい技術に変わった，あるいは新しい部品が開発されたとなると，すぐそれを検討し良いものは取り入れていかないと，製品ができ上がった頃には時代遅れのものになってしまう．このことから，変えるときにはすぐに変えろという意味で朝令朝改といってきたのである．

　「言い出しっぺがやれ」というのは，「あれをやったらどうだとか，これはこ

図表6―5　ソニーの企業風土（ソニーカルチャーのキーポイント）

・出るクイを求む	摩擦をおそれない，とんがったモノをもつ人材を大切にする
・朝礼朝改	よいことであれば，すぐに変えて対処せよ．スピードの大切さ
・言い出しっぺがやれ	アイデアを出す時は自分でやるつもりで，評論家ではなく
・モルモット精神	続々と新製品を出すソニーも，小さい頃「ソニーは東芝のモルモット」と評論家大宅壮一に言われた．怒る社員たちに「いいじゃないかモルモット精神でいこう」と言った井深
・○○さんで呼び合う	
・他人のやらないことをやれ	新技術開発重視の精神は経理，人事等あらゆる部門にも共通
・新しい，面白いアイデアは上司に内緒でやれ	ダメな上司は途中でつぶしてしまうから

うすべきだ」などと言ったら，「じゃー，お前がやれ」と言われてしまう．また，社内の呼称として，部長，課長とか言わずに，「○○さん」で呼ぶ．社長でも「中鉢さん」とか「盛田さん」と呼んでいる．

また，図表には示してないが，「組織は目標達成のための道具である」という考え方がある．組織という存在がいったんでき上がると，組織を守ることが自己目的化することが往々にしてある．しかし，組織とは，何かを遂行するためにつくられた道具でしかない．だから，やることが終わったならば，あるいはやることが変わったならば，その組織を壊して，また新しくつくればいいという考え方である．ところが，組織の原理として，規模が大きくなってくると組織の壁がどうしても出てくる．これはなかなか難しいことだが，知らず知らずに出てくる組織の壁を壊しながらやっていかなければならない．

（2）　製品開発のエピソード（商品誕生秘話）

ソニーは数々の世界最初の商品を世に送り出し，人びとの生活を大きく変えてきた．そのような商品の誕生にはいろいろな誕生秘話がある．その中でウォークマン，カムコーダーに関するものをあげてみよう．

① ウォークマン誕生秘話

ウォークマンの原型になるヘッドフォンで聞くステレオは，もとは井深（当

時名誉会長）がアメリカに出張する飛行機の中で音楽が聞きたいのでつくってくれと言って，芝浦事業所で試作品ができ上がった．井深は出かける前に芝浦事業所に寄ってそれを受け取り，いい試作品ができたことを盛田（当時会長）に電話で伝えた．盛田はびっしり詰まった予定をすっぽかし，芝浦にやってきて，担当者たちと「ここはこうすればよい，ああすればよい」と２時間ほど商品企画会議のようになってしまった．ところが，その間に入っていた，盛田との打ち合わせ，面会予定がすべてキャンセルになる．盛田の秘書はその人たちに謝って廻らなければならなかったという．

ウォークマンには数々のエピソードがあるが，この話は商品に対するトップの非常に強い関心と，スピーディーな行動があったということを語っている．

② モーター事業部をつぶしたカセットケースサイズのウォークマン

ウォークマンも初期の頃はかなり大きかったが，究極的にはカセットテープのサイズと同じウォークマンをつくることになった．その時に，テープを回すモーターを今までにない小さく薄いものを開発する必要があった．モーター事業部に開発を頼んだところ，機械工学専門のエンジニアから，「専門的に考えてそんな小さな薄いモーターはできるはずがない」と断られた．やむなくウォークマン開発部隊は自分たちで取り組むことになった．そのメンバーの中にメカ屋（機械専攻）がいて，この人は大変図面を描くのがうまく，カセットサイズのウォークマンの完成図を綺麗に描いた．絵ができたんだから，絵に収まるものをつくれということで，とうとうカセットサイズのウォークマンが生まれたという．専門家はえてして自分の専門の中だけで考え，開発に消極的な態度を示すことがある．そういった抵抗を打破していかないと新しいものはなかなか出てこないということである．モーター事業部はその後，結局つぶれてしまった．

③ バケツの中で泡を噴いたカムコーダー

カムコーダー（ビデオカメラ）の小型化が進み，パスポートサイズ（旧型）にまで小さくなっていた．しかし，パスポートがひと回り小さな新型に変わって

しまったため，新型パスポートサイズのカムコーダーを開発することになった．新しいパスポートサイズのカムコーダーをつくることになった時，ウォークマン開発の中心人物がビデオ部隊を引き継いで，開発に着手することになった．従来からビデオの専門家である担当者たちは，「ビデオはウォークマンと違って構造が複雑で，すでに部品がびっしり詰まっているからこれ以上小さくはなりません」と言って抵抗した．その時，その新開発リーダーは「バケツに水を入れてきてくれ」と言って持ってこさせ，その中に従来のカムコーダーを入れた．中から多くの泡がぶくぶくと出てきた．「泡が出るということは，空気が入っている隙間があるということだよね」ということで，とうとう新しい小さなパスポートサイズの製品ができ上がった．

5．ソニーでの経験とメッセージ

以上のような中で振り返ってみると，私の考えでは，「ぶち壊し」の連続，それがソニーだったのではないかと思う．このぶち壊しができなくなったときに，ソニーはソニーでなくなってしまうだろう．

ただし，従来の「ぶち壊し」は自らが作った「世の中を変える商品」を自分の手でぶち壊し「さらに新しい商品」を世間に送り出すという繰り返しの連続であった．そこでは創業の設立趣意書を念頭においた「本業はなにか」ということを忘れることは決してなかった．

今回の100年に1度といわれる大変革期の中で数次にわたるリストラや事業再編が行われたことによって，今まで述べてきたソニーのDNAが失われてしまわないことを願っている．

企業とは，資本，人，モノという経営資源を使い，経済的にリターンして，それを新しく投下してさらに利益を得る．そして税金として国に収めるということを行う——これを「マネーリターン」という．これが企業経営の基本である．

しかし，企業の経営は，金さえ儲かれば良い会社といえるのかというとそうではなく，目に見えないリターンもある．「ナレッジリターン」という目には見えないが，その企業が蓄積した技術やノウハウ，システムが企業経営をする上での大きな価値になる．また，新しい事業を通じてどれだけ世の中の人との関係をもつか，どれだけネットワークが広がるかが大事になってきていて，「リレーションリターン」ともいう．さらに，世の中からどのように見られているかという「ブランドリターン」も重要である．以上のような，マネーリターンという財務諸表の数字に表れた目に見える成績表以外のことに対しても常に留意しこれらを拡大・強化していかなければならない．

　最後に，学生の皆さんはこれからいろいろな分野に進まれると思うが，どんなところにいくにせよ，まず，「なぜ社会に出て働くのか」ということをよく考えてみていただきたい．なんとなく世の中に出ていくのではなく，自分はなにをしたいのか，どんな人間になりたいのか，「明確な目的」をもって進んでいくべきだろう．ただ単に生活の糧を得るために働くのでは，あまりにもむなしい人生を送ることになる．あなたの人生はたった一度しかない．

　自分は何のために働くのかということを，友達と徹底的に話し合ってみてほしい．また，「仕事の報酬」についても，給料だけなのか，あるいは自分の能力を仕事を通じて高めるということも報酬の1つととらえることができるか．仕事の世界は広く，仕事の本質は深い．一生懸命に取り組んでいけば，山に登っていくと高くなるにしたがって違った景色が見えてくるように，仕事を通じて新しい世界が見えてくるものである．

　体重70kgの人を分解していくと，水40リットル，炭素20kg，アンモニア4リットル，石灰1.5kg……その他となり，それぞれを購入するとすれば合計約3000円になるという．すなわち，体重70kgの人間の原材料費は3000円ということである．この原材料費3000円の人間がいろんなことを学び，体験し，訓練して成果をあげることで何億円，何千億円という付加価値を生み出す人も出てくるわけである．われわれの原材料費は誰もがおおよそ3000円前後でし

かない．しかし，「働くこと」に対してしっかりとした考えをもち，明確な目標をもち，これを達成するための技術やノウハウを習得して立ち向かえば必ずや大きな付加価値を生み出すであろう．

最後に，これからの人材に必要な資質としては，「問題（課題）をつくれる能力」をあげておきたい．学校の試験では，正解か間違いしかなかったが，世の中では正解がいくつもある．また正解がない場合もある．その正解をどうやってみつけだすか——そのためには，問題意識とか，自分で課題をつくれることが大事で，なにかしら自分の得意技をもっている必要がある．「自分はこれが得意だ」といえるものをもっていること．そして，物事をポジティブに考えていくという態度も大変重要である．

また，われわれは今日，情報の洪水の中にいるので，情報を的確に判断できることが必要である．的確に判断できるためには自分なりの価値観をもつこと，いろいろな情報の中でこの情報を選ぶというためには，健全な常識と自分なりの生き方，価値観，あるいは哲学といったものをもっていないと，誤った情報に振り回されてしまう．

参考文献
有沢広巳監修（1976）『日本産業史（上・下）』日本経済新聞社
新　将命（1995）『リーダーシップ』日本実業出版社
藤原肇・松崎弘文（1985）『マクロメガ経済学の構造』東明社
井深　大（1993）『井深　大の世界』毎日新聞社
小林峻一（2002）『ソニーを創った男』ワック株式会社
松下幸之助（1973）『道は明日に』毎日新聞社
日本経済新聞社編（2007）『日経業界地図　2008年版』日本経済新聞社
野中郁次郎（1993）『知識創造の経営』日本経済新聞社
柴田昌治（1998）『なぜ会社は変われないのか』（日経ビジネス文庫）日本経済新聞社
ソニー・広報センター（1996）『GENRYU 源流』
ソニー・広報センター『ソニータイムズ』（バックナンバー）

第7章

自動車メーカー：
日産自動車

1．自動車業界の動向

(1) 世界金融危機による変化

　2007（平成19）年度におよそ7,000万台を記録していた世界の自動車需要は2008（平成20）年度になり大きく急変した．年度前半は原油暴騰にともなう自動車維持コストの上昇，年度後半には前年の米国サブプライムローン問題に端を発した地球規模の金融危機進行による雇用，所得環境の急激な悪化，などの要因が消費者心理の低迷を招き，米国市場を中心に新興国までをも含む自動車需要は激減したのである．最終的には08年の世界全需は7年ぶりの減少（対前年度比11.8％減）という結果になり，今回の世界同時不況による自動車業界への打撃は真に大きいものとなった．

　地域別に見ると，これまで世界の需要を牽引してきた北米市場において大幅な減少が起こる一方で，金融危機後も巨大な潜在需要に支えられた中国市場が伸長するなど，世界の自動車業界のフォーメーションは変化しつつある．

　中長期的視点では，今般の金融危機が一段落すれば，これら新興国の大きな需要に支えられて再び世界の自動車需要は伸びていくと予測されている．

　一方で消費者のクルマ選びの感覚は，各国での高環境性能車に対する買い替

え優遇制度の導入などによる後押しもあり，より燃費や環境を重視したものに変化してきている．

(2) 日産自動車の経営とその環境

08年度は日産を含め自動車業界は世界金融危機，厳しい景気後退，為替レートの変動という3つの課題に直面した．日産の08年度グローバル販売台数は対前年度比9.5％減の341万1千台（シェア5.5％：対前年度比0.1％増）．日米欧の市場では全て15％以上の減少となり中国だけが唯一の成長市場（19.1％増）となった．

08年度決算では営業損失が1,379億円となり，大幅な損益改善活動に向けた舵取りの変更を強いられている．その後09（平成21）年度に入ってからは，グローバルレベルでの急速な在庫削減とそれによる生産水準の早期回復に加え，労務費，出張費，投資，研究開発費の削減等，日米での採算が改善したことや，中国，インド，東南アジアでの販売回復等が功奏し，09年4～6月期営業損益は116億円の黒字（09年1～3月は2,303億円の赤字）と，経営状況回復の兆しを見せている．

一方，今後の更なる持続的成長を目指すために，短期と長期とのバランスをとりながら将来を見据えた好機の追求も同時に行っている．

例えば，新興諸国を中心に着実に伸長しつつある手ごろな価格で燃費の良いグローバルエントリーカーの開発と，ゼロ・エミッション車の市場導入計画がその代表的なプロジェクトである．

ゼロ・エミッション車でリーダーになることを目標とする戦略においては，電気自動車のグローバルな市場導入を2010年に計画しているが，この計画は単に車両の販売に留まるものではなく，インフラの整備と政府や第三者機関との連携を通してお客様が電気自動車を購入しやすい環境を整える構想となっている．また，10年を迎えたルノーとの提携というパートナーシップを更に強化し，共通化，標準化の促進を通して一層の競争優位を高める段階に入っている．

世界的な変化を迎えている自動車業界においては，今後もグローバルな事業展開に競争し得る，技術開発，商品企画，生産体制，販売マーケティング，財務，等各領域における競争力が求められると同時に，それを支える組織体制とマネジメント力，そしてそれを推進し得る人材が要求されている．そして日産自動車においても，そのようなグローバルな視野と能力を備え，ルノーとのアライアンスの可能性を十二分に発揮できる人材の育成が一層求められてきている．

2．日産自動車の経営理念とその特徴，ブランド戦略展開

日産自動車の事業概要としては，現在日本を含む世界16カ国以上に生産拠点を持ち，160以上の国や地域で商品やサービスを提供している．従業員数は連結ベースで約17万6千人（2009年3月時点）を数え，グローバルに事業展開を図っている．

また，日産は「人々の生活を豊かに」というビジョンのもと，「私たち日産は独自性に溢れ，革新的なクルマやサービスを創造し，その目に見える優れた価値を，すべてのステークホルダーに提供します．それらはルノーとの提携のもとに行なっていきます」というミッションを掲げている．

グローバルに事業展開を進める中で，上記の経営理念を貫くための，日産のマネジメントにおける特徴としては以下のような点があげられる．すなわち，①クロスファンクション，②3軸マトリックス組織，③ヘルシーコンフリクト，④トランスペアレンシー，である．

（1）クロスファンクション

これは，機能，部門（ファンクション）を交差させ，関連する1つの課題に対して異なった意見や考え方を出し合いながら，それを受け入れ，また議論を戦わせることによって，革新的なブレークスルーを生み出すことを期待する手法である．この概念は，単に機能，部門間というだけでなく，リージョン（地

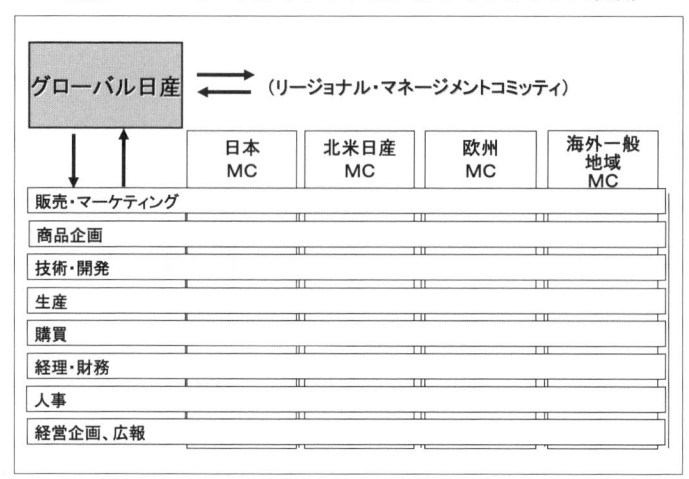

図表7－1　クロスファンクショナルなマトリックス組織

グローバル日産 ⇄ （リージョナル・マネージメントコミッティ）				
	日本MC	北米日産MC	欧州MC	海外一般地域MC
販売・マーケティング				
商品企画				
技術・開発				
生産				
購買				
経理・財務				
人事				
経営企画、広報				

域），カルチャー（文化），カンパニー（会社）という側面まで広げて運用されている．

　様々な機能が巨大な集合体となる自動車会社では，たとえばマーケティング・販売と生産等という具合に，各部門の利害が対立する場面が時に見られる．このクロスファンクションの検討チームを活用するアプローチにより，部門の壁を越えたブレークスルーを導き出す効果が期待できるのである．実際，日産ではルノーとの提携直後に，このクロスファンクショナルチームを9領域の課題解決に活用し，「リバイバルプラン」を作成し発表につなげている．このクロスファンクショナルチームは現在でもさらに課題領域を広げて運用されている．

(2)　3軸マトリックス組織

　これはまさに，日産のグローバルカンパニーとしての組織運営の基本形態である．その3軸とはファンクション（機能），リージョン（地域），そしてプログラム（商品）であり，いわばクロスファンクションの概念を組織という形で具体化したものである（図表7－1参照）．

ファンクションの軸では，各機能（商品，開発，生産，購買，販売，マーケティング，経理，財務，人事等）をグローバルに統括する仕組みを設けている．そしてリージョン（地域）の軸においては，日本，北米，欧州，一般海外地域（中国，中東，南米，アフリカ等を含む）の4地域に分け，各々マネジメントコミティーを設けて運営している．最後のプログラム（商品）ではクルマのプラットフォーム単位で収益性，市場プレゼンス等をマネジメントしている．

この3軸経営のもとに，各軸がそれぞれの目標達成に向けたプライオリティを追求するため，各軸が交わるところには，自然と利害対立，意見対立が生じ，問題が浮かび上がる構造をつくり上げている．

(3) ヘルシーコンフリクト（健全な軋轢）

日産では，そのような利害対立，意見対立をあえてポジティブに，「ヘルシーコンフリクト」として位置づけており，むしろその健全な対立を通して，いかに高次元なレベルで解決策を見いだし，その中でいかにブレークスルーを生み出していくか，が求められている．当然この解決策を探る過程では，社内外を問わず，他事例を見極め（ベンチマーク），好事例（ベストプラクティス）を見つけ出し，受け入れていくようなアクションも要求されるのである．

(4) トランスペアレンシー（透明性）

この概念には，「窮地を脱するためには，問題を把握すること．問題さえ正しく把握され，その解決策さえ見つかれば，あとはそれを正しく粛々と実行すればよい．大切なことはまず問題点を隠さずテーブルの上に載せることにある」という考え方が込められている．また，この概念により，自らの責任を明確にし，その達成をコミットしていく，というマネジメントの明快さが生み出され，促進されることにつながっている．

(5) 事例としてのブランドコミュニケーション戦略……「SHIFT」

上記の特徴（とくにクロスファンクション，クロスリージョン）が，どのように業務推進の側面に現れているかという事例を，当社のブランドコミュニケーション戦略を事例に紹介する．

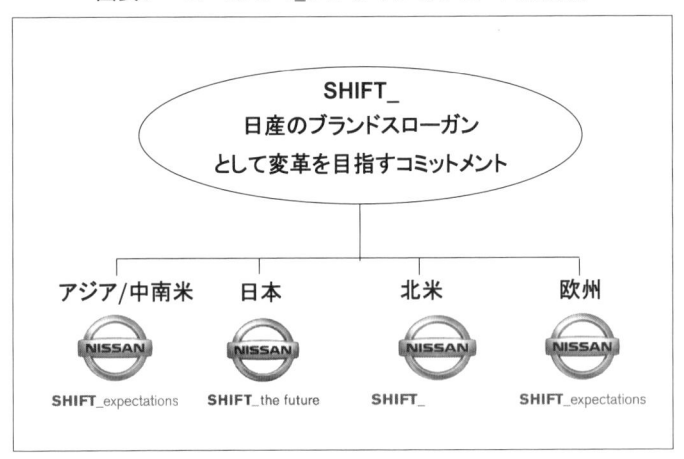

図表7—2　SHIFT_タグラインのグローバル展開

```
        SHIFT_
   日産のブランドスローガン
として変革を目指すコミットメント

アジア/中南米      日本           北米          欧州
 NISSAN        NISSAN        NISSAN       NISSAN
SHIFT_expectations  SHIFT_the future  SHIFT_   SHIFT_expectations
```

　事業がより一層グローバル化していく中で，われわれの提供する価値もグローバルに，ある一貫性をもちながら提供しつづけなければならない．ルノーとの提携後，この提供価値を明確にするために，改めてブランドアイデンティティをグローバルに構築し，事業戦略の中核に置くことになった．

　ブランドアイデンティティの構築は，グローバルに商品，デザイン，広報，宣伝等のブランド関係者が各地域から集まり，議論やワークショップを繰り返しながら数カ月を費やし提案を作成，最終的には経営会議での承認を経て明文化につなげた．その後，このブランド力を測るいくつかのインデックスを設けて，各地域ごとの進捗推移を毎年確認し，事業戦略と結びつけながらフォローしている．

　次に，実際のコミュニケーションにおいて，ブランドメッセージの一貫性をグローバルにどのように構築してきたかについての一事例として，ブランドメッセージの中核ともいえる「SHIFT」というタグライン展開を紹介する．

　日本ではブランドアイデンティティを規定した後，2001年の東京モーターショーからこのタグライン（SHIFT_the future）を市場導入した．「SHIFT」に

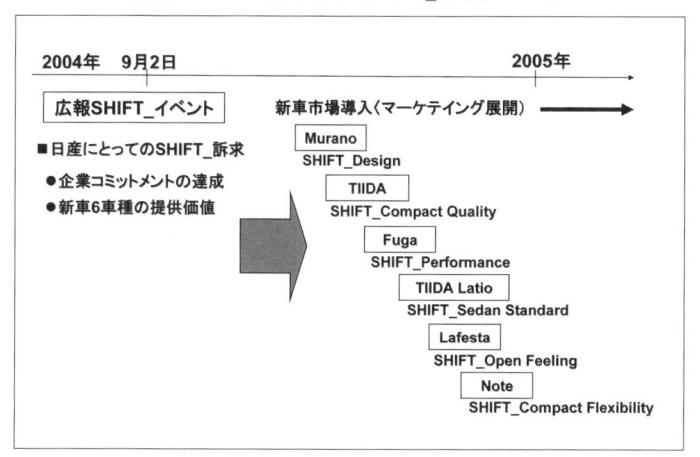

第7章　自動車メーカー：日産自動車　131

図表7－3　日本でのSHIFT_キャンペーン

```
2004年　9月2日                           2005年
広報SHIFT_イベント         新車市場導入〈マーケテイング展開〉
■日産にとってのSHIFT_訴求    Murano
●企業コミットメントの達成      SHIFT_Design
●新車6車種の提供価値          TIIDA
                             SHIFT_Compact Quality
                              Fuga
                             SHIFT_Performance
                              TIIDA Latio
                             SHIFT_Sedan Standard
                              Lafesta
                             SHIFT_Open Feeling
                              Note
                             SHIFT_Compact Flexibility
```

は，「既成概念や古い価値観（常識）を変革して，新しい価値を提供する，変革する」という意味を込めている．われわれはこの「SHIFT」をグローバルなタグラインとして展開し，商品，サービス，そして様々な企業の活動を通して，そこに込められているブランドのコミットメントを伝えていくことを決心したのである．

「SHIFT」をグローバル統一タグラインとしながらも，各地域においてはその後に続く言葉をそれぞれの地域でわかりやすい言葉にテーラーメイドしながら，よりSHIFTの意味を理解しやすくなるよう最適な市場導入を行った（図表7－2参照）．

北米では英語ネイティブという市場の優位性を活かし，SHIFTの後に続く補完語については一定の言葉を設定せず，それぞれの商品や活動の提案メッセージを明快に一言の補完語で柔軟に使い分けて表現する，テレビ広告を中心としたキャンペーンで成功を収めていた．

一方，日本では，2004年下期に6車種の新車を連続的に市場導入するタスクに直面した．しかも，それら新車はいずれも新車名であり，それらを日産ブ

ランドからの新商品であることを短期間に効果的に伝達しなければならなかった．

マーケティングと広報のグローバル＆リージョン総合チームは最終的に，北米での広告キャンペーンの成功事例を日本向けにテーラーメイドし，さらに大規模な広報イベントを組み合わせるキャンペーンを企画し，実行するに至った．当時，国内において同時に6車種もの新車を発表するということは実行したことがなく，後発車種の現行車販売への影響等，リスクについてもかなり議論が巻き起こったが，結果的にその広報イベントのインパクトは真に大きく，翌朝のTVワイドショーでは各局がその発表と広告を取り上げるまでの反響を得，非常にメディア効率の高いキャンペーンとなった（図表7－3参照）．

その後，この広告キャンペーンと新車群一斉広報発表イベントの組み合わせは，日本の成功事例として，中近東，中国，南アフリカ等，他の一般海外地域にも移植されて実行に至り，すべてのケースにおいて成功を収めている．

「SHIFT」タグラインのグローバル展開を通して，われわれに要求されたアクションは，常にグローバルな好事例に耳を傾け，研究し，それをもとに既成概念を打ち破る，革新的なチャレンジを実行するということであり，それぞれのリージョンの活動がグローバルなブランド力を統合的に強化していくことを，関連するファンクションのメンバー全員で考えていくことであった．

3．日産の人財開発の特徴点

（1） 競争力開発と管理（コンピテンシーマネジメントシステム）

日産では，採用以降つねに社員の競争力（コンピテンシー）を中心に人財価値の向上につなげる仕組みづくりに取り組んでいる．仕組みとはすなわち，教育・育成制度，人事異動制度，評価報酬制度のサイクルである．

そもそも評価報酬制度においては，人財の力が個人として，また組織として最大限に発揮されていることを明確にするために，該当年度における課題「コ

ミットメント」を達成したかを結果で判断する「パフォーマンス」評価を軸に据えているが，その業績を上げるに不可欠な能力，たとえば行動特性や技能，知識，心構えなどを備えているかをとらえる「コンピテンシー」という概念をも加えて報酬に反映している．つまり会社に貢献している度合いを正しく判断し，相応しい報酬を提供しながら社員一人ひとりの成長を促すことを期待する制度として位置づけているのである．

このコンピテンシーを改善，向上していくシステムが研修メニューとの連動である．教育・育成制度においても社員の自主性はかなり尊重されており，研修，キャリア形成を支える社内インフラの整備が進んでいる．具体的には，社員が誰でも閲覧できる社内イントラネットホームページの1つとして「Learning Navigation」(通称：らーなび)が用意されており，社員一人ひとりが学びたいと思ったときに自分にあった専門研修，マネジメント研修，Eラーニング，通信教育，外部講演会の情報をナビゲートするラーニング検索サイトとして機能させている．

(2) キャリアプランの明確化

コンピテンシーを磨き上げていくシステムのもう1つの柱が，キャリアゴールを設定し，自主的にプランをつくっていくインフラである．自分のキャリアを自ら考え，キャリアビジョンをもつことが各人のモチベーションを上げていくうえできわめて重要であり，日産ではそれを支援する仕組みを用意している．

具体的には「社内公募制度」として，「オープンエントリー制度」と「シフトキャリア制度」が導入されている．

「オープンエントリー制度」とは各部署がある領域の能力，興味をもつ人財の募集をイントラネットに掲出し，そこに社員が個人として自由にエントリーし，採用の場合はその社員個人の意思が尊重され，異動が実現していく制度である．また，「シフトキャリア制度」とは，各部署の募集の有無にかかわらず自分のやりたい仕事に，社員自らが立候補していくフリーエージェント制度で

ある．

(3) グローバルな人財開発，管理システム

人財開発システムの特徴の1つとしてあげられるものに，2003年に設置された「キャリアコーチ制度」がある．これは部門や地域を越えた異動や能力開発をサポートする制度であり，世界中の主要なポストに対するグローバルな人財発掘を中心に，長期的には本人の能力と希望に沿った異動を実現するためのサポート機能を同時にめざすシステムとして位置づけられている．

具体的には，各部門の経験の豊富な部長クラスがキャリアコーチに任命されており，グローバルに重要なポストの後任者計画，将来のリーダー発掘，キャリア開発計画を大きな柱として活動している．

社員には，このシステムによって，部門を越えた適財適所への配属，将来キャリアを実現するためにグローバルレベルでの経験機会が用意される一方，つねにそのコンピテンシーが透明性を確保されながら評価されていく．

(4) 日産マネジメントインスティテュート（図表7－4）

2005年に箱根に設立されたラーニングセンター，マネジメントインスティ

図表7－4

NISSAN LEARNING CENTER
MANAGEMENT INSTITUTE

2005年4月開校（箱根）

目的：将来のリーダシップ、成長を生み出すことにより、日産の価値を増大させるための革新を創造する場の提供。

テュートは，日産ウェイにもとづくリーダーシップの開発，将来の発展に重要な専門性の開発，そしてイノベーションを創造する「場」を提供し，日産の価値創造に貢献することを目的としている．施設はホテル並みのクォリティをもちながら，海外のビジネススクールのノウハウが取り込まれたグローバルに通用する研修施設となっている．

インスティテュートでは，「リーダーシップ」や「カルチュラルダイバーシティー」等，いくつかの領域に重点をおいてトレーニングプログラムが組まれているが，そのほか，現在では各部門役員が主催するマネジメントイベントにも活用されている．

以上，日産の人財開発は，グローバルレベルに通用する専門性，リーダーシップ，ダイバーシティー等における，個々人の競争力，能力をいかに高めるかを中心に，それを自らがモチベーションを保ちながら育成していくインフラを提供しながら，その人財をグローバルレベルで管理しその能力を引き上げていくことを狙いとしている．

4．求められる人財像とその能力

筆者は人事部門の人間ではないので，ここで述べる求められる人財像とその能力は，人事部が規定している内容や優先順位とは多少の違いがあるかもしれないが，2000年以降ルノーとの提携後の日産で実際に仕事をしてきた現場の人間としての実感をベースに，当社におけるこれからの人財に期待するポイントを述べてみたい．

（1）多様性（ダイバーシティー）の活用能力

自動車業界がますますグローバル化を進める中で，そこにたずさわる人間もより一層グローバルに通用するコンピテンシーが要求されてくる．

日産自動車では米国，メキシコ，欧州，南アフリカ，中国，東南アジア諸国など世界各地に拠点をもち，グローバルな戦略を展開しており，その総販売台

数は2008年までに年間420万台にも及ぶ．日産のメンバーになることは，これら全世界の市場と向き合うことを意味する．

たとえば，商品企画室でグローバルに販売される車種を担当する場合には，その市場である世界各地の交通，気象，生活，文化，環境など，様々な条件を把握してクルマづくりを進めていかねばならないし，その過程においては様々な国籍の人びととの意見交換や情報分析を円滑に進める必要がある．つまり，ここで意味する「グローバル」とは，世界の市場を相手にするということではなく，仕事のやり方自体がグローバルであること，そしてその仕事の進め方において，グローバルに通用する能力が要求される，ということである．

多国籍の人びとと仕事を進める過程において，最も重要なことは「互いの違いを認めその多様性（ダイバーシティー）の中から新しい価値を見つけること」である．また同じマーケットの中においても，男性，女性でクルマの価値観が異なる中で，いかに様々なニーズに対応していくかという検討や実行過程において，このダイバーシティーを活用することはより高い価値を引き出すために，重要な要素となっている．

つまり，ここでいうダイバーシティーとは，国籍の違いのみならず，性別，年齢，学歴，ライフスタイル，価値観，環境，その他すべての違いにもとづく多様性を意味するのである．

（2） 自己発信と議論の能力

簡単にいってしまえばコミュニケーション能力ということになるが，あえて多様性を通して価値を生み出す過程において，さらに重要になる明確な能力の1つとしていえるのが自己発信力である．具体的な流れでは，以下のような能力が必要になる．

つまり，① 相手の意見を聞き理解する能力，② その上で自分の意見を的確に発信する能力，③ そして互いの違いを整理し認識する能力，④ さらにそれらを前提に議論を通して新たな価値を導き出す能力，という具合である．実際の場面ではこの流れを英語で進めていくことになるため，英語ネイティブでな

いほとんどのケースではかなりタフな状況だが，常に，互いの意見の共通点と違いをうまくマネジメントすることがここでもポイントになる．

ここで重要なポイントは，相手の違いを受け入れると同時に，自分の意見の違いを恐れない，ということにある．そしてその違いを尊重しながら，新しい価値を見つける，というレベルが要求されるということになる．その過程においては，異なる各々の価値観や意見がぶつかり合い，ヘルシーコンフリクト（健全な対立を通じて新しい価値を創造する）を生み出しながら，そのダイナミックなパワーをグローバルに勝ち抜くための競争力にしていくのである．

また，当然ながらコミュニケーションする相手は，自分とは国籍や価値観が異なる人間でもあるので，そこでの自己の意見表現はよりポイントが明確で，シンプルにまとめられていなければならない

日産ではクロスファンクショナルな仕事の進め方がより一層推進されており，その過程においても上記の能力が必要とされている．クロスファンクショナルな問題解決は，必ずしもグローバル企業に限らず，問題の本質を見極め，より効果的かつ効率的な解決策を導き出す手法として有効であろう．

(3) 自己アイデンティティ，自己ブランドの構築

以上のような多様性の中で柔軟性を発揮し，新しい価値をつくり上げるためには一方で，自己の信念，意見を明確に認識している必要がある．そのためには自己のアイデンティティといえるものをもつことが重要であり，これをつくり上げるものが専門性，知識，体験に支えられた競争力（コンピテンシー）である．このコンピテンシーを育てることにより，より自己の意見に信念と説得力が生まれ，それによって違う意見を受け入れる余裕も生まれるのである．

日産においては前述したとおり，各自のコンピテンシーを高める人財管理，能力向上を実現する仕組みを設けているが，何よりも重要な点は，個人一人ひとりが世界を見つめるスタンスをもち，自らの強みを磨き上げそれを認識し，文化や意見の違いに興味をもつことではないかと思う．また，世界中の人とコミュニケーションをとる場合に，日本文化の価値をしっかり理解し，説明でき

る能力は，新たな価値を生み出す原動力を支える強みとなるのではないかとも思う．いわば「自分自身のブランド構築」が求められるのである．

　自動車業界は最もグローバル化が加速している業界の1つであろう．そこで働くことはこれまで経験したことのないスケール感とスピード感に戸惑う場面もあり，それを乗り越えて行く能力，素養はより高いレベルを求められていくとは思うが，正にこのグローバルなダイナミズムの中でチャレンジする醍醐味は自動車業界ならではの魅力でもある．

第8章

小売業：
総合スーパーA社

　本章では，戦後日本社会における小売業の発展プロセスと最近の動向をとらえた上で，代表的な企業である総合スーパーA社を取り上げて，同社の経営理念と戦略，事業展開の特徴，人的資源管理の取り組み（とくに新卒者の採用・配置・育成等）について，具体的にみていきたい．A社は総合スーパー（GMS = General Merchandize Store）をはじめとして，スーパーマーケット（SM），戦略的小型店（コンビニエンスストア），ドラッグストア，専門店，ディベロッパー事業（ショッピングセンター），金融事業，サービス事業等を総合的に展開している企業である．

　なお，本章の記述は，2008年7月に行ったA社へのインタビューにもとづき，同社資料，ホームページを参照して構成しており，その後の急激な経済変動の影響についても可能な限り言及している（この場を借りて，ご協力いただいたA社の人事マネージャーの方に厚く御礼申し上げます）．

1．小売業の特徴と発展プロセス

(1)「流通革命」と小売業の発展
　小売業は，メーカーと消費者をつなぐ流通経路のなかで最も消費者に近いと

ころに位置し，多様な事業形態（業態）を開発しながら，変化・発展を遂げてきた．かつて日本の小売業では，多数の中小小売商と一握りの百貨店という二重構造が支配的であったが，1960年代の「流通革命」から多様な近代小売業が誕生してきた．それらには，スーパー，専門店，コンビニエンスストア等のチェーンストア形態をとる業態や通信販売が含まれる（田村，2005，p.267）．

流通革命以降，小売業をとりまく経営環境は大きく変貌してきた．高度経済成長による大衆消費社会の到来から，石油危機後の安定成長をへて，バブル崩壊後の低成長へとシフトするなかで，消費の成熟化，人びとの生活様式の変化，都市化・郊外化，国際化，情報化，少子高齢化，後述する大店法の廃止と大店立地法の制定という公共政策の変化等々，実に多様な変化がみられてきた．こうしたなかで，近代小売企業の多くは，「チェーンストア方式による多店舗化と店舗の大型化によって企業規模を拡大」するとともに，多様な業態の開発・展開を進めてきた（田村，2005，p.267，275）．

（2） 低成長下の経営動向

1990年代からの低成長経済のもとで，小売業の業績も鈍化・低迷することが目立ってきた．総合スーパー，食品スーパーの多くが加盟している業界団体・日本チェーンストア協会が発表している販売概況によれば（図表8－1），会員企業の総販売額は90年代半ばまでは徐々に増加していたが，97年の16兆8,636億円をピークに減少がつづき，07年には13兆9,788億円まで低下した．これには会員企業数の減少も影響している．また，販売額の対前年比（店舗調整後）をみると，93年から前年割れが目立つようになり，とくに2000年前後には年率5ポイントも低下した．近年はやや持ち直してきているものの，この10年以上，チェーンストア業界はきびしい経営状態にあったことがわかる．日本チェーンストア協会によれば，最近は，食品偽装問題等，生活の安全・安心をゆるがす問題が多発したことや，穀物，原油等の原材料価格の高騰に端を発した加工食品や住関連品の値上げが相次いだことも，売り上げの低迷に影響したとしている（日本チェーンストア協会ホームページ「平成19年度のチェ

図表8－1　チェーンストア販売額の推移

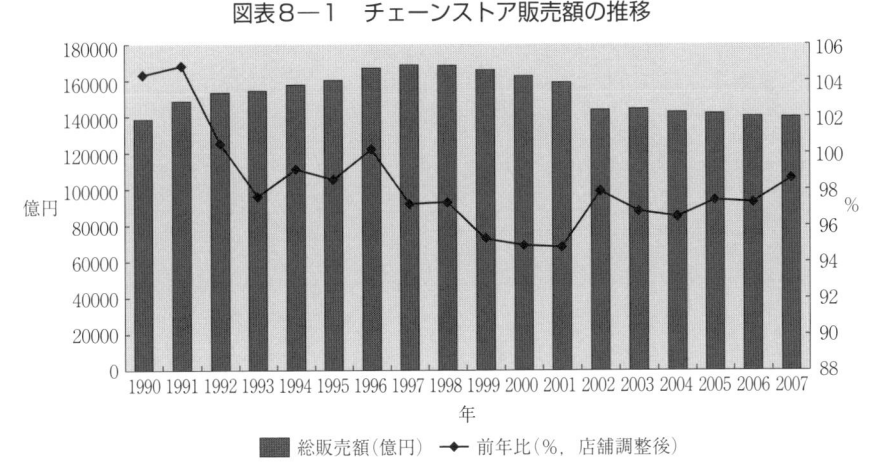

■ 総販売額（億円）　◆ 前年比（％，店舗調整後）

出所）日本チェーンストア協会ホームページ「平成19年度のチェーンストア販売概況について」

ーンストア販売概況について」）．

　さらに，2008年9月のリーマン・ショックを契機とする世界同時不況に直面し，日本の小売業も多くが業績低迷に陥っている．食品スーパー，コンビニエンスストアや特定の専門店などは比較的堅調だが，主要百貨店の決算は全社とも大幅な減収減益となり，とくに衣料品が不振をきわめている．総合スーパーの主要企業も，食品は比較的好調だったが，非食品や衣料部門の不振によって営業減益となったところが多い．スーパーの大手企業各社では，食品を中心とした粗利率の高いPB（プライベートブランド）商品の拡大と，衣料品など非食品の収益性の改善が業績回復のカギとなっている（週刊エコノミスト，pp.68-69）．

　総合スーパーを中心とするA社でも，最近は，原油や穀物の高騰がボディブローのように影響し，景況感が悪化しているなかで，嗜好性の高い商品と日常必需品とで消費が二極化しているとみている．とくに総合スーパーがあつかう日常生活用品は買い控えられる傾向がつよく，きびしい販売動向がつづいているという．同社グループ全体の連結決算では2000年以降，二桁近い成長を達

成してきたが，これは，本体以外の海外事業，クレジット事業（金融），ディベロッパー事業（ショッピングモール）の寄与する部分が大きい．直近の08年度の業績は，売上高はわずかに伸びているものの営業利益が大幅に減少した．同社としては，重点課題である総合スーパーの収益構造の改善を目指してきたが，消費者の生活防衛意識の高まりや買い控えの傾向が影響し，消費環境の変化に十分に対応できなかったとみられている．

ここで，A社の認識によれば，小売業の事業展開について環境変化と関連づけながら，次のようにとらえている．

第1に，小売業をめぐる法規制の面では，百貨店法（1958年）→大店法（大規模小売店舗法，74年）→大店立地法（大規模小売店舗立地法，2000年）という，新たに打ち出される法規制に対応して，総合スーパーの開発→新業態の発達（専門店，コンビニエンスストア等）→ショッピングセンター戦略という業態開発の取り組みが行われてきた．

第2に，消費者の動向という点では，大量消費→成熟消費→選択消費という変化に応じて，総合スーパーの事業展開として，フルラインの商品構成→ディスカウント→ライフスタイル提案という対応を図ってきた．ここには，小売業は「変化対応業」であるという基本姿勢が示されている．

第3には，とくに近年の動向として，世界規模での競争が激化していることである．かつて，小売業はドメスティックな産業とみられ，国内の小売企業同士の競争が展開されていたが，近年は，世界の大規模な小売企業が進出してきて，小売業界でもグローバルな競争が激化している．

最近の経営環境の変化について，同社は，2008年上期の原油・原材料価格の高騰にともなう物価高，アメリカの金融危機に端を発する世界同時不況のなかで，顧客のライフスタイルや消費行動が大きく様変わりしているととらえている．世界的な景気後退の影響を受けて，企業業績の悪化により雇用や所得の先行き不安が高まり，個人消費の低迷がつづくきびしい経済情勢を実感している．同社は，こうした経済情勢に対して，同社の提供する商品の価格や売場づ

くり，サービスが十分に対応できていなかったという現実を真摯に反省し，顧客の声に深く耳を傾け，新しい価格政策などの施策を実行することを決意している．同社は，いま一度，「お客さまに信頼される顧客満足業」へと生まれ変わることで，さらなる成長をめざし，グループをあげて低価格戦略を推進するとともに，当面の重要課題としてGMS（総合スーパー）の収益構造改革を進めている．

とくに2009年には，消費者の生活防衛意識がいっそう高まるなかで，同社は，「お客さま第一」という不変の理念に立ちかえり，商品やサービスの見直しを実行してきた．具体的には，日常生活用品を中心に衣食住5,100品目の価格引き下げを行うとともに，品質の確保および価格競争力を備えた新商品の販売をはじめている．

2．小売業の使命と事業展開，経営体制の改革

以下では，総合スーパーA社の事例に焦点をあてて，論述していく．

（1） 小売業の社会的使命

同社は，グローバルレベルで通用する経営水準と，地域に根ざした「ベストローカル」の双方を実現する「グローカル企業」をめざしている．同社によれば，小売業の社会的使命（ミッション）は，「お客さまの暮らしの豊かさを実現する」ことにあるととらえられる．そのために必要な機能は，「流通コストの削減」と「消費者代位機能」の2つである．

①流通コストの削減

流通コストの削減とは，流通経路を合理化することでコストを下げて，より良いものをより安く，安定して提供する機能を果たすことである．同社は，非効率な取引慣習を打破する取り組みとともに，商品の発注から，流通，店舗での販売までを一貫して管理するサプライチェーンマネジメントにおいても先端技術を取り入れて効率化を進めてきた．

そこで同社は，グローバルレベルの経営体質の確立として，安定した安さと高品質の維持を図るために，「EDLC（Everyday Low Cost）の実現」に取り組んでいる．そのための手段としては，①商品原価の引き下げ（海外からのダイレクトソーシング，PB商品の拡大，メーカーとの直接取引の推進等），②販売管理費の圧縮（働き方改革の推進，パートタイマーの活用，店舗後方作業の統合・IT化，集中レジの推進等），③出店・建設コストの削減が重視されている．

②消費者代位機能

消費者代位機能とは，「お客さまにかわって商品を選び，提案する機能」である．これは，消費者の豊かな暮らしを実現するためにメーカー優位の価格支配に打ち勝ち，顧客が本当に求める商品を提供しつづけることを意味している．このために必要な活動は，自社で商品を調達もしくは開発することであり，①ナショナルブランド（NB）商品の調達と，②プライベートブランド（PB）商品の開発があげられる．すなわち，グループ全体としてNB商品の需要を集約しつつ，物流機能を体系化することで，価値ある商品をより安価に効率的に提供できるようになる．また，PB商品の開発は，業態別ニーズにもとづく商品づくりや顧客ニーズへのきめ細かな対応につながり，地域独自の品揃えが強化できると期待されている．

(2) 事業展開と経営のキーワード

同社はグローバルな環境変化に対応しつつ，上述した社会的使命をまっとうする上で，企業存続のキーワードとして「利益」と「CSR」を重視している．

①企業存続のキーワード：利益

まず，利益というキーワードは，企業という経営体が存続していくために，適正な利益を確保することが不可欠であることを示している．同社の事業展開における適正な利益の確保は，多様な業態で顧客ニーズに対応することによって実現される．具体的にみると，GMS（総合スーパー）事業，SM（スーパーマーケット）事業，戦略的小型店（コンビニエンスストア）事業，ドラッグ事業，専門店事業，総合金融事業，ディベロッパー事業，サービス事業等が展開されて

いる．

　とくに近年は，多様な業態を揃えて，ショッピングセンターの開発・運営を進めることを重視してきたが，改正まちづくり三法（2007年施行）により国内での大型店の郊外出店がつよく規制されるようになった．そこで，同社は事業の再構築を図り，海外（主に中国）でのショッピングセンター開発への投資を強化する意向である．また，売り上げが低迷しているGMS事業については，売場の編成のしかたを見直して，新しい総合スーパーの創出が必要だと考えている．

②企業存続のキーワード：CSR

　もうひとつのキーワードは，CSR（Corporate Social Responsibility＝企業の社会的責任）である．これには，安全を重視する経営，地域を重視する経営，環境を重視する経営の3つの要素がある．

　まず，安全の重視という点では，他社に先駆けて，牛肉に関する安全自主基準の設定や，国内産牛肉安心確認システム（トレーサビリティ）の導入，より高い安全・安心の提供をめざした農・水・畜産物やその加工食品のブランドの導入が行われている．また，地域の重視という点では，「理想とする同社の姿」について顧客の提案と従業員の声を募集し具現化するキャンペーンや，一般公募により地元の顧客の代表が店舗経営に参画する「お客さま副店長」制度，郷土の味を守りつづける生産者の産品を公募して全国の店頭で販売する取り組み等があげられる．最後に，環境の重視については，毎月特定の日に植樹・育樹，清掃美化，募金等の地域貢献活動を実施したり，「1％クラブ」としてグループ優良企業の税引き前利益の1％を社会貢献活動（環境保全，国際的な文化・人材交流，地域の文化・社会の振興等）に充てたりしている．

(3) グループマネジメント体制の改革：純粋持株会社体制

　同社はこれまで規模の拡大と業容の多様化を推進しながら，変貌を遂げてきたが，2008年8月に純粋持株会社体制へ移行し，マネジメント体制の改革に取り組んでいる．このねらいは，今後の一層の成長を図るために，①グルー

プの新たな成長モデルの構築，②事業構造の再構築，③「集中と分権」のさらなる強化を進め，グループ全体の企業価値向上をめざすというものである．

　この純粋持株会社体制の意義は，「持株会社」と「事業会社」を明確に分離することで，将来の成長戦略を構想する際に，国内小売事業をはじめとする現行の主力事業に偏重せずに，中立的なスタンスで戦略を策定できるようにすることにある．すなわち，「持株会社」は，グループガバナンス（統治）の確立とグループの一体感を担保するための運営に集中し，企業価値の向上に向けたグループ全体の戦略の立案，経営資源の最適配分，経営理念等の基本原則の浸透・統制，グループシナジーの創出等の役割に専念する．一方，「事業会社」は11の事業に分かれて事業別マネジメント体制を敷き，それぞれに配置された「事業最高経営責任者」の指揮のもとで専門性の高い業務運営を行なっている．この体制により，各事業単位での大胆な経営判断ができるようになり，意思決定のスピードが格段に速くなる．それとともに，現場で把握した顧客ニーズを，円滑に商品，サービス，経営に反映させることが可能になり，グループ全体として「顧客第一」の行動を追求することにつながると期待される．

3．人材に対する考え方と採用（新卒者を中心に）

　次に，以上のような事業展開とマネジメント体制を支える人的資源の管理について，人材に対する考え方，新卒者を中心とする採用の方法，初期配属とキャリア形成に焦点を当てて論述したい．

（1）人材に対する考え方

　同社は，小売業において人材は最も重要な経営資源であり，差別化の源泉であるととらえている．その際，とくに重視していることは，第1に，国籍，性別，年齢，従業員区分等にとらわれず，能力と成果に貫かれた公正な人事を実践することである．これは，世のなかの人びとはいろいろな特徴や志向性をもっていることを認めて，人間の属性上の違いにとらわれずに，個々人の能力や

成果を正当に評価することを意味している．第2には，継続成長する人材が長期にわたり働きつづけられる企業環境の創造である．これは，多様な志向性をもつ人材に対し，後述するキャリア形成や能力開発の機会，就業継続するための職場環境を整備して，人材の成長を支援することを示している．

また，人事コースという点では，NR社員（全国勤務＝ナショナル，およびエリア勤務＝リージョナル）とコミュニティ社員の区分が設けられている．NR社員は，いわゆる期間の定めのない労働契約の正社員である．一方，コミュニティ社員は有期契約制で，自宅通勤可能な一定地域内（転勤あり）での勤務を前提とした働き方であり，多様な勤務時間・日数を選択することができる．なお，同社は労働条件においても，正社員と非正規社員の賃金格差の是正を考慮して，職務に対して報酬を設定する方向，すなわち「同一労働同一賃金」に近づいていくとみている．

(2) 新規学卒者の人材像

同社の採用に対する考え方をみると，新卒者は，将来の会社を支えていく人材であるととらえており，そのために内部で育成して将来を担える存在となるように力を入れたいとしている．これに対し，社会人（中途採用者）の役割は，現在の課題を解決するための即戦力となることにあるとみている．

同社グループに共通する新卒者の人材像は，「お客さま視点で，自立的に考え，行動できる人」ということである．より具体的にいえば，「売ることの楽しさ，難しさ，奥深さを知ってみたい」とか，「今まで誰もやったことのない売り方やサービスを生み出すことに挑戦してみたい」という志をもち，「それを実現するために，素直に謙虚に誰からも学べる人」と表現される．

また，上述の人材像は，経済産業省の研究会が提示した「社会人基礎力」のコンセプトとも通じている．社会人基礎力とは，「職場や地域社会で活躍する上で必要となる能力」についての考え方をまとめたもので，基礎学力や専門知識を生かすための前提となる人間的能力を表わしている．それには，①前に踏み出す力（アクション），②考え抜く力（シンキング），③チームで働く力（チ

ームワーク）という3つの要素があるととらえられる（経済産業省，2006）．同社は，新卒者に対して，専門能力や知識，スキルを問題にする前に，この社会人基礎力がどのくらい備わっているかを評価したいと考えているのであろう．

(3) 人材採用（新卒者を中心に）

同社は，体質強化のために，数年間にわたり新規学卒者の採用を抑制していた時期もあったが，2005年4月の新規採用から本格的に再開した．「効率を重視してきたが，小売業は店頭でお客さまに接してはじめて成り立つ仕事なので，マニュアルだけではできない」との認識もあり，同社の強みを発揮しながら事業をしていくには，マニュアルに依存しすぎないように，人材の育成にいっそう力を入れることにしたという．

現在，新規学卒者の採用は，全国転勤のある総合職の採用に限定して行なっている．採用活動のプロセスは，エントリーを受け付けてから，説明会の実施，適性検査，筆記試験と進み，そこから2〜3回の面接で決定する．また，海外展開をみすえて，外国籍の人材を採用総枠の1割ほど採用している．

採用のポイントとして，面接では，学生の就職に対する考え方，志望動機とともに，自分が一番自慢できることを聞いている．たとえば，クラブのキャプテンならば，自分がどういう行動をして，どういう成果を生み出してきたかを重点的に聞くことにしているという．

(4) インターンシップの実施

同社は近年になってから，採用活動の一環としてインターンシップを位置づけなおし，社内の中枢部でインターンシップを経験してもらう形にしている．具体的には，普通はみられないような商品開発の部門に学生を入れて，小売業の仕事の魅力をみせようと考えている．スーパーはどうしても店舗のイメージが強いが，商品開発部門もあり，中国等への委託加工を中心に自社開発商品をあつかっている．こうした仕事を学生に意識してもらい，優秀な人材を集めようというのも，同社の意図のようである．

現在は，大学に個別依頼して，学生を募集し，3年生の夏休みを利用して2

~3週間単位でインターンシップを実施している.たとえば,商品開発部門に受け入れた学生に,個々のテーマを与え,インターンシップの最後に,一人30分の発表会で商品開発の提案をしてもらったりする.しかし,同社が実施した印象では,非常にまじめに取り組んだ学生とうわべだけの参加にとどまった学生とに二極化しており,再度,学校側とすり合わせする必要があるという.

(5) 採用後の配属と初期キャリアの形成

　初期配属は,原則として店舗への配属となっている.店舗配属者のなかから,1年後に様子をみて本部に異動させることもあるが,多くは売場担当者としてスタートし,数店舗を経験してからマネージャー（売場責任者）への道を進むことになる.何年でこの仕事やポジションにつくという決まったパターンはなく,ときには早期に人材をみきわめて選抜することもありうると考えている.

　配属の人事権は本社及びカンパニー人事がもっており,採用面接で入社後の配属部門や職種の希望を聞いたうえで,勤務エリアは会社が最終的に決めることになる.同社では,入社の約8カ月前に人事担当者と面談する機会を設けており,やりたい仕事や個人の家庭の事情について相談しながら,最終的に4月の配属先が決まることになる.また,新入社員は1～2人でなく少なくとも3人以上で,比較的大型の店舗に配属し,彼らへのフォローは直属上司（売場責任者）が面倒をみることになっている.

　日常の仕事の進め方は,目標管理制度を基本としている.上期と下期それぞれについて個人の目標を設定し,上司の指導やサポートのもとで店の業績達成を追求していく.若手はプロセス評価に中心をおき,上位者になるほど数値（成果）評価のウェイトが大きくなる.

　入社後のキャリア形成では,年1回の自己申告制度を通して人事が本人の希望をヒアリングし,データベース化しているので,これを人事異動に利用したりする.また,働き方の希望として,異動・転勤のエリアについて全国転勤か

地域限定勤務にするかの意向を，5年ごとの人事のヒアリングで聴取している．同社によれば，個人の意思を尊重した人事異動を基本としているが，一方で，会社は実績を重視しているので，パフォーマンスのよい人ほど異動する頻度も高くなる場合が多いという．また，実績（営業の成果）をあげる人は，過去のトレンドをおさえて，競争に勝ち抜くための方策を分析しながら計画的に仕事を進められるというのが共通するようである．

4．キャリア支援と人的資源管理

同社は，人材の育成を進め職業人生を支援するために，さまざまな制度，取り組みを実施している．

（1） キャリアデザインへの支援

同社の「資格登用制度」においては，役割の違いによりJ（Junior）職，M（Middle）職，S（Senior）職という等級にわけて，人材の登用を進めている．

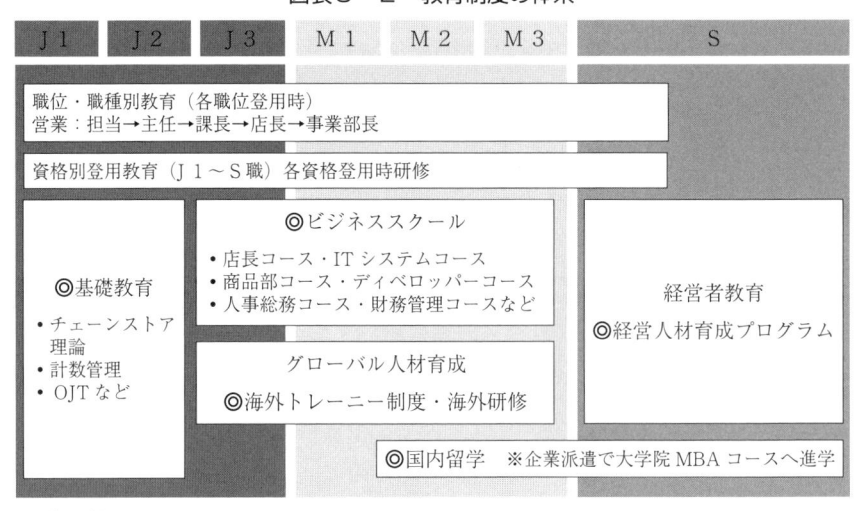

図表8―2　教育制度の体系

J1	J2	J3	M1	M2	M3	S
職位・職種別教育（各職位登用時） 営業：担当→主任→課長→店長→事業部長							
資格別登用教育（J1～S職）各資格登用時研修						

◎基礎教育 ・チェーンストア理論 ・計数管理 ・OJTなど	◎ビジネススクール ・店長コース・ITシステムコース ・商品部コース・ディベロッパーコース ・人事総務コース・財務管理コースなど	経営者教育 ◎経営人材育成プログラム
	グローバル人材育成 ◎海外トレーニー制度・海外研修	
	◎国内留学　※企業派遣で大学院MBAコースへ進学	

出所）A社ホームページ

それぞれの役割は，以下のとおりである．従業員（正社員，非正規社員ともに）は，毎年，登用試験にチャレンジすることができ，昇格すれば，職務の拡大や報酬アップの機会が得られる．

○J職の役割：実務に強い売場マネージャー
○M職の役割：課題達成のためのスペシャリティまたはマネジメント力の発揮（店長等の組織マネジメント，商品部・物流・店舗開発・人事等各分野のエキスパート）
○S職の役割：経営者としての事業推進または事業変革のための課題形成（事業部長，大型店店長，商品部長，スタッフ部長）

以上の資格登用制度の他，先にふれた「自己申告制度」では，毎年1回，現職務の満足度，現職場の状況，今後の進路希望，家族状況についての自己申告を実施しており，従業員はこれを通じて自分の意向や個人的事情を会社に伝えることができる．また，「社内公募制度」では，多角化事業や新業種・新業態等での仕事を希望する人材をグループ内から広く募っており，従業員はみずから手をあげて自分のキャリア形成を図っていくことができる．さらに，「セルフスタディへのサポート」として，資格取得，通信教育受講，定期購読，公開セミナーへの参加等，従業員の自己啓発に要する費用を補助する制度が整備されている．

(2) 教育制度の体系化

同社の教育制度は，図表8－2のように体系化されている．新入社員に対しては，入社オリエンテーション（入社研修）の後，「基礎教育」が位置づけられており，また，各階層を対象に「職位・職種別教育」と「資格別登用教育」が用意されている．

基礎教育の目的は，入社3年目までに社会人の基本を覚えるということで，同社グループの価値観，仕組みを理解して，行動に移せるようにすることをめざしている．すなわち，この教育制度は，顧客満足の実現に向けて，基本実務の習得による作業の効率化と，よりよいできばえをめざし，従業員一人ひとり

のスキルアップと仕事での自己実現を目的とするものである．

以上のように，入社3年目までは教育プログラムを整備して，「強制的」に社会人の基本を勉強させるのに対し，4年目からは「自分のキャリアは自分で切り拓く」という考え方にもとづいて自己啓発に取り組むことになる．そのために，「ビジネススクール」も設けられており，これを活用して，事業発展の原動力となるコア人材を早期選抜するとともに，挑戦意欲のある人材がめざすポストを獲得し，自己実現にチャレンジできるようにしている．これには，店長，販売マネージャー，人事教育，商品部，ディベロッパー，IT・システム等の職域に応じたコースが用意されている．さらに，次代を担うコア人材や高度な経営人材の育成のためには，海外トレーニー制度，国内留学制度，経営人材育成プログラムが設けられている．

また，教育制度とは別に，若手従業員を支援するために，メンター（Mentor）制度も導入されている．メンターは，直属上司の場合もあれば，他店の先輩という場合もある．この背景には，同社が新卒者の定着率を調べた結果，離職者は入社3年以内のJ職の人に多いとわかったということがある．この問題への対応として，同社は，定着率を高めるには教育が重要であると位置づけ，仕事をしっかり教えつつ，メンタル面でも上司や先輩がフォローしていくことを強調している．会社が効率第一になりすぎると，情緒面を含めた支援がどうしても弱くなってしまうと同社は感じており，会社が成果だけでなく人への関心をもち，コミュニケーションの大切さを意識することが大きな課題であると指摘している．

(3) 人事制度の改革

最後に，キャリア形成にかかわる人事制度についてふれておきたい．

従来，同社は「職能資格制度」を採用していたが，2004年から管理職層に相当するS職に対して「職務等級制度」を導入した．したがって，現在は，資格等級に応じていずれかの制度が適用される形になっている．

J職，M職に対しては，職能資格制度が適用され，報酬は資格ベースの賃金

＋能力給，賞与が支払われる．この層の多くは，売場の担当者やマネージャーとして育成・処遇することを原則としているためである．また，職能資格制度による処遇は，個人のキャリア形成の点で有意義ともいえるだろう．一方，S職に対しては職務等級制度が適用され，報酬は月額の固定給と業績賞与で支払われる．職能資格制度の時には異動しても報酬は変わらなかったが，現行制度では格付けの異なる職務に異動すれば報酬も変動するので，この点が大きく異なるところである．これは，S職においては，管理職ということだけでなく，専門分野で国内外のトップクラスとして活躍できるスペシャリストとしての意味合いも大きいことを反映している．

同社の事業体はコングロマリット的な形になっており，各事業分野ごとに経営のノウハウが異なり，違った専門性が求められてくる．そのなかで業績を高めていくには，それぞれの組織の中枢部を担うコア人材と専門職的な人材の両者が必要であり，上述した人事制度はそうした人材ニーズに対応したものとなっている．

【文献】
経済産業省（2006）『「社会人基礎力に関する研究会」中間とりまとめ』
『週刊エコノミスト』2009年6月9日号，毎日新聞社
田村正紀『近代流通業における企業成長と規模拡大』伊藤元重編（2005）『日本の産業システム6　新流通産業』NTT出版

第9章

メディア産業：
フジテレビ

1．放送業界を取り巻く現状

(1) テレビって衰退産業？

　テレビをはじめとするメディア産業は，インターネット（以降ネット）の登場で激動の時代を迎えているが，その爆発的普及の起爆剤になったWindows95の発表からすでに14年が経過している．当時ネットにはじめて触れた人びとは，将来あらゆるメディアがこの万能ツールに飲み込まれるだろうという感想をもったに違いない．実際，出遅れ感のあったわが国のネット環境も政府のe-Japan政策のもと，ブロードバンド時代に入り今や世界最高レベルのインフラを有するに至った．現在10人に7人はネット利用者と聞く．生活インフラとして定着し，ネットのない生活も仕事も今や想像できない．とくに情報収集分野ではドラえもんのポケットさながらといえる．しかしながら，現在のメディア環境は当時のイメージほど大変貌を遂げたとはいいがたい．要はテレビより安くて面白いエンターテイメント，テレビより簡便で信頼できる情報がない以上，メディア環境は瞬時に一変することはないと私は考えている．

　真意のほどはさておき，某キー局の最高経営責任者がテレビは衰退産業とた

いへん潔く発言している．確かにテレビ局を取り巻く環境は大きく変わりつつある．本章は，ハード優先のメディア論の中で置き去りにされがちのコンテンツに焦点をあて，あまり活字にならないテレビ局側の本音を交えつつ，この放送と通信の融合（最近は連携が流行）という流れの中で，テレビ局が現在のステータスをどのように維持発展させていくかを述べていきたいと思う．

（2） テレビ局≧放送事業者

放送事業は情報＋送信の2段構造で，製造業が流通を自社で行っているケースに似ている．しかし，世界的には放送と制作が独立の企業体になっているのが普通である．この日本独自の形態は，テレビ生成期に映画会社がテレビ番組の供給に積極的でなかったことに起因し，各局は自前で番組制作を行うしかなく，制作会社としての機能を併せもつ日本のテレビ局という形態を形成した．よって，放送・制作の分離した米国のメディア業界の合従連衡のニュースを受けて氾濫する「ネットがテレビを凌駕」などの喧伝を鵜呑みにすると，今後のメディア環境の推察にぶれが生じる．日本で放送と通信の融合を論じるには，放送という概念を，「電波による情報送信事業」「映像コンテンツの供給事業」「放送・制作の連携によるビジネスモデル」といった3つの側面から考察していくことが必要と考える．

（3） 送信事業の直面課題＝完全デジタル化

① 地デジは金喰虫？

送信という狭義の放送事業の直面する難題は2011（平成23）年7月に予定されている地上アナログ放送の停波，デジタル放送への完全移行である．デジタル化により放送サービスの質は格段に向上する．ハイビジョン（以降「HD」High Definition Television），データ放送，サラウンド音声，ゴースト解消など，多くの視聴者メリットがもたらされる．だが，いいこと尽くめとはいかず，デジタル化に伴う経済的負担が視聴者，放送事業者にのしかかる．すでに地デジ対応テレビはかなり普及し，NHKの調査によると2009年7月末時点の地デジ受信機の普及数は約5,392万台となっている．しかし全国1億2千万台のア

ナログテレビのすべてが2011年までに買い替えられるとは到底考えられず，残る7千万台をデジタル化するには1台5万円としても3.5兆円を視聴者は負担することになる．家電メーカーには千載一遇のビジネスチャンスだが，放送事業者にとってはパーソナルテレビの減少が個人視聴率に影響を与え，テレビの広告効果が一時的に減少する可能性も含んでいる．

　放送事業者にとってデジタル化のメリットは，近視眼的には少ないのが実情だ．とにもかくにもデジタル化に伴う放送設備への投資額が半端なものではない．地上民放テレビ全127社の地デジ化設備投資額は2011年までに1兆440億円に上ると報告されている．キー局各社は300億近い巨費を投じつつあり，米国発世界不況による広告収入減少下，業績への影響は必至である．ローカル局でも平均54億円と試算されており，これがローカル局の財務状況を圧迫している．衛星放送開始時期，「キー局が地上波番組を同時放送したらローカル局は総て炭焼小屋となる」とローカル局は震撼した．結局，放送法におけるマスメディア集中排除原則（以降「マス排」）のもと，地域密着情報の発信基地であるローカル局の重要性が再認識され，放送事業免許の県域限定制度の見直しもなくローカル局はその危機を逃れたが，今度は地デジというさらなる大津波が押し寄せているというのが現状である．

② デジタル化の本当の目的

　では，どうしてデジタル化を急ぐのか．国策であるため放送免許を拝頂する放送事業者は従わざるを得ないというのが真相である．そもそもデジタル化の目的は視聴者サービスの向上よりも，電波という有限資源の再有効配分にある．放送や通信に使える帯域は一定の周波数に限定され，国内ではそのほとんどが各事業者に割り当て済みで，新規事業へ供することが限界にきている．これは地上アナログ放送が大きなシェアを占めているからで，デジタル化により使用帯域を圧縮できれば，空いた帯域は未来の情報通信技術活用社会の進展のために再利用が可能であり，日本の国際競争力の強力な武器になると考えられている．

こうした資金や労力の投下を，放送事業者は国策だからといってただ受動的に進めているわけでもない．デジタル化によるサービス拡充に知恵を振り絞っているほか，コンテンツ資源と映像制作ノウハウを武器に，放送外の収益ビジネス構築を一気に加速させる意気込みだ．とはいってもキー局の番組供給に依存するローカル局の新規事業開拓は困難といえる．こんな窮状の救済に，平成20年施行の「改正放送法」で，「認定放送持株会社」という制度が導入された．この制度によると，特定グループによる複数の放送局支配を禁じていたマ:ス:排が緩和され，総務省の認定を受けた持株会社が系列局を傘下にすることが可能になり，キー局の資金面でのローカル局支援が容易になる．衛星放送開始時はマ:ス:排に救われたローカル局が今度はマ:ス:排緩和によって活路が残された格好だが，キー局支配が強まれば地域密着情報発信基地という本来の存在意義がますます有名無実化していく懸念が強まる．

（4）　映像コンテンツ供給事業の課題

① クオリティ命

　デジタル化は制作現場にも変容をもたらしている．HD制作のために機材はすべて新調だ．また，高精細に加え画面の横縦比が従来の4：3から16：9の横長になることで，セットやCGは制作面積が拡大かつ高いリアリティが要求される．編集は収録映像がリアルタイムでサーバーに蓄積されるため，収録と編集を並行して行うノンリニア編集が可能となった．また，過去作品のアーカイブ化も進み，莫大なVTRテープの山からも開放されつつある．キー局の番組はすでに大半がHD制作となっており，準備は着々と進んでいる．

　デジタル化は，映像コンテンツのマルチユースによる放送外事業での収益性にも影響する．テレビ局がコンテンツホルダーの地位を維持するには，映像クオリティでも時代時代のトップランナーでなければならない．従来はテレビ局のライバルはテレビ局であったが，ネット社会となりライバルは世界中からいつ出現してもおかしくない状況といえる．レコード業界は，楽曲配信サービス開始時点では再生機の性能や圧縮ソフトの完成度に加え，デジタルオーディオ

は所有欲や蒐集趣味を満たさないため，パッケージメディアとしての音楽CDは大きく影響を受けないと見る向きもあった．しかし，i-podの登場で状況は一変した．音質向上と機能的管理ソフトの登場により，若者たちはCDケースに埋もれた生活からの解放を選択した．DVDも同じ運命をたどるだろう．HMD（Head Mounted Display，眼鏡型映像モニタ）でHDコンテンツを堪能する通勤スタイルの出現もそう遠くない．将来いかなる映像ハードやメディアが登場しても，コンテンツ利用者の選択肢からテレビコンテンツが外れることがないように，テレビ制作は最高のクオリティを追求しなければならない．

② プロデューサーの腕の見せ所

　各局が放送外事業への積極的な取り組みをみせているが，成果の有無はプロデューサーの力量にかかっている．もはや視聴率だけを眼中にしてはいられず，番組がコンテンツとして流通し収益をもたらすまでを予め想定した総合プロデュースが期待されている．すでに馴染みの販促策であるDVDの特典映像だが，番組収録時に同時収録していく手法などは一例といえる．最近ではドラマ番組の映画化やその逆ケースも目立ってきている．

③ 著作権は慎重に

　二次利用の促進には著作権が大きな課題となる．著作権者との契約で二次利用に関する権利を番組制作時に買い取れば，放送後のコンテンツ流通は加速する．現状は二次利用のメディアごとに再契約し，売上げに応じてロイヤリティを払うといった非効率的作業が伴う．過去作品などは著作権者の所在を突き止めるだけでも一大事だ．最近，コンテンツ関連産業の伸び悩みはテレビ局の出し惜しみが原因で，新たな創作活動の阻害要因との説も聞かれる．しかし，テレビ局にしてみれば二次利用収益は至上命題であるが，著作権の解決には膨大な労力が必要で，一気の解決は間尺に合わないのが実情だ．また，政府やIT関連の識者は著作権への敬意が低いようだ．著作権への配慮こそが新たな創造へのエネルギーであり，自らが創造者になってはじめてわかることなのかもしれない．

ハリウッド型の包括的権利の事前取得は理想であるが，実現には財務上の問題や日本のビジネス風土とのマッチングなどの難問も控える．著作権者は二次利用の権利放棄の代償に契約料の増額を望み制作費は膨らむ．番組制作費は放送時点で費用化されるため，DVD発売時に発生する費用はロイヤリティ，パッケージ製造料，PR費程度に抑えられる．加えて視聴率という販売予測指標もあり，ローコスト・ノーリスクのビジネスとして放送外収益の柱となってきた．

　事前契約の場合，二次利用を見込んだ増額分は，DVDなどの実売までは税務上権利在庫として資産計上されることになる．歩合の権利料が固定額になることで，契約時に想定した売上げを下回れば収益は低下する．低視聴率番組はリスクが高いため発売されず，権利在庫としてバランスシートに居座ってしまう可能性もある．これが累積するとテレビ局の財務状況は悪化する．また，買い手は安く，売り手は高くといった力学が生じるため大変タフな交渉となり，著作権者とテレビ局間のギクシャクした関係を生みやすいともいえる．

　一方，ロイヤリティシステムは販促活動での出演者の協力も得やすく，互いにビジネスを膨らませるかたちで日本のビジネス風土に適している．このように考えると，契約形態の変更によるコンテンツビジネスの活性化は期待できない．著作権を軽んじる法改正は反対であり，そうなると利用者から著作権者に自動的に利用料金が送金されるようなデジタル技術の発明が期待される．

(5) 放送・制作一体ならではのビジネスモデル

① テレビコンテンツの強さ

　放送・制作が一体化した日本のキー局の業態は世界的には稀なものと前述したが，これがコンテンツ産業においては最強のビジネスモデルといえる．

　まずは投下資金の回収が広告収入で担保される経済面でのバランスが大きい．もともと番組制作は労働集約型の仕事であり，収録の合理化はあっても，基本的には人が演じて人が撮るという工程に変わりはなく，人件費の低減には限界がある．また，芸術性や完成度にこだわれば収録時間も編集時間も際限が

なくなり，予算はたちまち消費されてしまう．番組は商業目的作品であり芸術作品ではないため，対価性という観点でクオリティがコントロールされる．また，公共性という枠組みのほかに放送時間帯，視聴者層，広告主，裏番組，広告収入など多くの制約条件のもとで制作されるため革新的な作品は生まれにくいが，最低限大衆に受け入れられる水準の作品となる．

ちなみにドラマの制作費は1本3～5千万円，1クール（13週）の総制作費は5億円にもなり邦画の製作費に匹敵する．キー局は毎日の放送を続けるために新コンテンツを生産しつづけており，この規模の供給体制を他の事業者がやすやす構築できるとは考え難い．もっとも，これは広告収入による無料放送で成立するビジネスモデルでもあり，ネット広告の成長いかんでネット事業者もコンテンツ制作が可能となるかもしれない．その時キー局には，かつての映画産業の轍は踏まず，制作プロダクション化してネット側にコンテンツを供給していくというシナリオが生まれるであろう．

② 広告主はメディアの品格にこだわる

ネット広告がテレビ広告を近く凌駕するといった考えは，メディアの普及率や利便性が広告収入と比例関係にあるものと安直な想定をしている．広告は広告主の活動であり，メディア側は乗り物を提供するだけだ．広告主は宣伝したい商品と乗り物を合わせて消費者にプレゼンテーションするのであり，高級ブランドの広告が低俗なメディアに掲載されることはない．2兆円近いテレビ広告費はメディアとしてのブランドが担保になっているもので，とりわけテレビ広告の50％を占める番組提供という形態では，提供番組のイメージを広告主が自社イメージ向上に役立てようとするものだ．たとえネットがテレビ以上に普及しても，そこにある情報の信頼性が向上しない以上，広告主の出稿意欲は増さない．ネットの隆盛は匿名による表現の自由の顕現であり，匿名情報が信頼性を獲得するのは不可能である．そのためには，通信の秘密・匿名といった本質とは矛盾する公共メディアとしての表現規制体制を構築する必要が生じる．一方で，テレビ局は放送・制作の一体化により具現化してきたコンテンツ

の信頼性を死守せねばならず，捏造番組などの発生を猛省し，再発防止に業界全体で全力を尽くしている．

③広告表現の大切さ

　ネット広告では，広告主のホームページに閲覧者を誘導することが最終目的になっている．クリックというアクションを閲覧者に取らせることで広告効果が測定でき，クリック数に応じて広告料が徴収される経済合理性をもっているが，表現そのものによる商品訴求は難しいといえる．広告効果の測定にはリーチ（到達率）とフリクエンシー（接触頻度）という指標があるが，広告が消費者の心を惹きつけたかどうかといった定性的な効果の測定は永遠の課題だ．好意度，好感度を司るのが表現であり，テレビ広告は表現による心理的作用を巻き起こすメディアといえる．ネット広告において動画や音声表現が可能なリッチ広告が長四角のバナー広告を上回る効果があるという調査結果があるが，まさに表現の重要性が再認識される．HDで見るテレビCMの効果とネット上のホームページ誘導システムの効果を比較するのはもはや意味がなく，それぞれの特性を活かしたメディアミックスが戦略的な販促策になりつつある．これが「融合」から「連携」へのニュアンスの変化といえる．

　ネット機能搭載TV，チューナー搭載PC，さらにはIPTV（Internet Protocol TV，ネットを通じテレビ放送を配信するサービス）の普及により，視聴者は放送と通信の区別を意識せずサービスを堪能できるようになる．リモコン1つで自由に見たいテレビやサイトにアクセスできる環境の創出はそう遠くない．テレビの理想像は番組自体がポータルサイト化することであり，ここからがデジタル化の本領発揮である．システム化には各種特許のクリアを要するが，ワンセグ放送（移動端末向け地デジ放送）ですでに開始されているように，データ方法を用いてネットへのリンク機能を番組に付加することで，番組を楽しみながら関連情報にアクセスできるわけだ．テレビ局はリンク先のスポンサーから広告料を頂戴することができれば，現行のネット事業者のビジネスモデルを放送事業者もそっくり営業活動に加えることができる．

(6) 放送業界の未来

① 単なる伝送路としての放送事業は技術革新により変化を余儀なくされるが，キー局はコンテンツホルダーとして，新規メディアに対して優位な立場でのビジネスモデルを構築していく．

② コンテンツのマルチユースはテレビ局の大命題であるが，著作権処理がボトルネックとなり作品群の急速な流通は難しい．新規のコンテンツ制作も著作権者との契約は複雑化し，まさにプロデューサーの手腕が試されている．

③ ネットがメディアとしての品格（クオリティと信頼性）をもたなければ，どんなに普及しようともテレビ広告を上回ることはない．

④ ネット広告の影響でテレビ広告収入は停滞するが，デジタル化の恩恵でテレビがポータルサイトとしてネット広告収入を得る時代がくる．

2．フジテレビの経営理念と事業展開

(1) 自己矛盾は民放局の宿命

経営理念として成文化されたものは，現在フジテレビには存在しない．昨今のCSR（Corporate Social Responsibility，企業の社会的責任），コンプライアンス（法令遵守），そしてJ-SOX（企業の不正防止のため内部統制を厳格化した米国SOX法の日本版）などといった横文字文化の影響で，経営理念の再確認や成文化の動きはあるが，検討中に自己矛盾に陥ってなかなか先へと進めない．これは宿命みたいなもので，1つは放送事業の公共性と民間企業としての利潤追求との折り合いに起因する．

番組表を見ればその局の姿勢は見えるが，フジは多くの広告主がメインターゲットとするF1層（20〜34歳の女性）やティーン層に向けたドラマ，バラエティを中心とした編成で知られる．80年代初めに打ち出した「軽チャー路線」は「楽しくなければテレビじゃない」のキャッチフレーズのもと数々のヒット作を創出し，それにより民放トップの収益基盤を築いてきた．これによりフジ

は一見，商業主義優先企業と思われがちだが，内部の意識は大分違う．1997（平成9）年の東証1部上場後は株主への配当が重要課題とはなったが，収益は番組クオリティの向上のために惜しむことなくコンテンツ制作に再投入されてきている．アナリストたちからは制作費の圧縮が望まれているが，コンテンツ投資はフジの生命線であり，収入減による無闇な節約はしない旨を明言している．また，万が一の備えをフジは放送事業者として重く考えている．明日かもしれない首都直下型大地震の発生といった緊急事態において，収入のない緊急放送をどれだけ続けられるかが放送局の究極の使命と認識している．フジはその時こそが真のジャーナリズム魂を発揮する時と考えている．高い収益を上げることが最終的には公共放送の使命を全うする．この一連の企業活動を単純明快にコピーライトすることは結構むずかしい．

　もう1つは，番組制作という創造的な活動と企業としての管理責任の問題がある．「創造」の反対語は「破壊」であるが，「管理」は「創造」の宿命のライバルといえよう．番組の企画と予算の承認は当然しかるべく手続きにおいてなされるが，制作開始後に管理職が口を出すことはなく，プロデューサーが責任をもって制作を進行する．映像表現に会社側が決済をすることはなく，1本数千万円もの予算がプロデューサーに委ねられ執行される．管理職を挟んだら現場での自由な発想や臨機応変の演出は生まれないし，決済待ちで放送予定日はとっくに過ぎ去ってしまう．この絶大な権限を有するプロデューサーという立場は番組制作における業務委託先と考えるのが近いが，ただそれが社員であるという点で組織論からすると矛盾を巻き起こす．社員である以上，上司の命令に従うのは当然だが，番組制作については聖域となる．この権限の裏にある責任感によりプロデューサーのモチベーションは維持され，高い創造性が発揮されると考えられている．ただし，このプロデューサーシステムがテレビ局における不正の温床であることもまた事実である．不正の予防は各局の共通課題であるが，管理の強化は可能でもそれによる損失は計り知れない．前述の横文字制度が制作現場にももち込まれつつあるが，ここでも折り合いが悩ましい．創

第 9 章　メディア産業：フジテレビ　165

造活動とコンプライアンスをバランスよく企業理念として表現するのもやはり困難だ．

(2)　コンテンツ・ファクトリー

　見てきたようにフジの外形をとらえるのは大変厄介で，論議すればするほどイメージは拡散してしまう．むしろ，社会変化に対する柔軟性や順応性そのものがフジの本質に近いといえる．「この世に生き延びられるのは，最も強い種でもなく最も賢い種でもない，変化に最も適応できる種である」というダーウィンの言葉がフジにおける経営理念をうまく表現している．ただし，これだけでは経営の姿勢は示しているものの，実体を語っていないので，柔らかい中にある芯の部分についてさらに述べたいと思う．

　本章執筆にあたり，最も伝えたいのはコンテンツの力である．フジの経営陣はじめ各従業員の意識の大半はコンテンツという言葉で占められている．信仰といっても過言ではない．ただし，広くコンテンツといわれるものを盲目的に追い求めているわけではなく，神として崇めるものはあくまでもオリジナル・コンテンツであり，そうでなければご利益がないことを全員が熟知している．そのため，フジはテレビ局というアイデンティティを「コンテンツ・ファクトリー」という概念にすでに昇華させている．放送は現行のコンテンツ伝送の一手段に過ぎず執着はない．デジタル化に伴う多大な設備投資をかかえながら，さらに巨額の資金を投下し平成 19 年に竣工した湾岸スタジオはまさにその象徴である．最高の環境で社員やスタッフ，そして出演者たちのモチベーションを最大限引き出していくことが強力なコンテンツを生み出す．そのコンテンツを骨の髄まで料理し尽くし，大小様々なお皿に盛りつけて視聴者に届けるというのがフジのめざす姿であり，それが経営理念といえるかもしれない．

(3)　認定放送持株会社第 1 号に

　フジは目玉マークで知られるフジサンケイグループの中核企業であるが，2008（平成 20）年 10 月に前述の認定放送持株会社への移行を行なった．技術革新，規制緩和，法制度の改正といった環境の変化のなかで，グループ企業間

のアライアンス強化，経営資源の選択と集中による企業価値の向上を図り，国内外から評価されるわが国を代表する「メディア・コングロマリット」をめざすものだ．

（4） フジテレビの事業展開

　当社の2009年3月期決算における総売上げは3479億円で，放送収入は16年連続で民放トップを走っている．視聴率も5年連続で3冠王（ゴールデン，プライム，全日のすべての時間帯における世帯視聴率1位）を獲得している．ここで放送収入は視聴率の賜物と見られるとフジの特徴を見失うことになる．すなわち，視聴率低迷時も営業成績は他局を上回っており，卓越した営業力がフジを支えている．テレビ局の営業活動は広告代理店任せといったイメージが強いが，フジは広告主との人間関係の構築という泥臭いが最もノウハウとエネルギーを要する手法を堅持している．直接対話によるニーズの把握と番組へのフィードバックで広告主の信用を獲得してきた．制作力と営業力が一体になってフジの収益パワーとなっている．

　地上波広告収入以外の売上げは791億円で22％を占めている．内訳は系列局や海外テレビ局などへの番組販売，DVDなどの映像パッケージ販売，映画，イベント，番組関連グッズの販売，CS放送，CMなどの映像制作請負，出版といった既存事業に加え，近年ではネットや携帯電話を利用したコンテンツ配信，広告連動型ゲームサイトや動画投稿サイトの運営などのネットビジネス展開も積極的に進めている．

　また，放送事業からコンテンツ事業へのステップアップにより，ビジネスエリアが国内から世界へと拡大されつつある．とくに，BRICs（Brazil, Russia, India, China）へのコンテンツ輸出が今後大きなビジネスとなっていくものと注目し，国際部門がビジネス基盤をつくりつつある．

3．フジテレビの人的資源管理の特徴

　コンテンツの創作活動を最重視する企業姿勢のもと，人事の力点もクリエイターやジャーナリストのプロ育成を核としている．組織人としての素養には人事研修が用意されているが，これらの職種は教育や研修といったプログラムで育成できるものでもない．好奇心や情熱といった感性をいかに膨らませていくかが課題だ．そのために用意されているのがワークプランレポートである．これには現職場での満足度に始まり，今後自分が従事していきたい業務の内容や部門を具体的に記し，上司経由で人事に提出する．人事異動にこのレポートが活用される仕組みだ．営業部門から制作部門への異動も珍しくなく，大規模な異動も社内を活性化させている．また，個人的に興味を抱くセミナーや海外研修などへの参加も，将来業務に役立つと上司が判断すれば可能で，本人の自主性尊重が特徴といえる．

　そして，最大のポイントはやはりOJT（オン・ザ・ジョブ・トレーニング）ということになる．制作現場は3K職場などといわれ敬遠されがちであるが，将来プロデューサーとして一本立ちするために，末端作業の経験は不可欠といえる．また，制作ノウハウといわれるものの大半は人間関係や人脈であり，これも教えることはできない．そのため入社2，3年の若い社員が深夜番組などのプロデューサーを任されるケースも多い．もちろんベテランのサポートがあってではあるが，多くのスタッフとともにトライアル＆エラーを積み重ねることが一人前のクリエイターを育てる．

　最後に，創作活動へのモチベーションを高めているのが各種の褒賞制度である．この制度は，視聴率や二次利用収入で社業に大きく貢献したコンテンツの制作チームを表彰し報奨金を支給するもので，現場の士気高揚に大きな成果を上げている．

4．求める人材像

（1） 人間大好き

　どんな企業も夢と情熱をもった明るい若者を欲している．しかし，テレビ局の場合その思いを人に伝える能力が最も必要だ．伝えてなんぼの業界なので当然とはいえ，伝えるだけではなく理解を得ること，そして相手の感情までもが認識できることが望まれる．人間力という言葉をよく聞くが，中でもコミュニケーション能力が一番期待される資質となる．クリエイティブな才能は理想だが，番組制作は画家や作家のような孤独な活動ではなく，出演者をはじめとする大勢のスタッフによって築き上げられる集団活動であることが，個人の才能よりもコミュニケーションが重視される所以だ．イチローがヒットを重ねても勝てないマリナーズではしょうがない．テレビ局員はスタープレーヤーではなく，名監督でなければならない．全員に自分の考えを理解させ，その共通イメージにむけて各自のもてる能力を最大限引き出させることで良質のコンテンツが生まれる．

　では期待されるコミュニケーション能力とはどういうものか．

　まずは，「伝えたい」「知らせたい」という情熱が大切だ．この情熱の源泉は，自分が他人に理解されたときや褒められたときの喜びや感動の経験なしでは得られないものだ．この喜びを知ることが，サービス精神というエンターテイメント産業においてこれまた重要な資質を生み出す．自分が所属する様々な集団の中で良好な人間関係づくりとリーダーシップを十分に養っていることが必要であり，人間関係を疎ましく思う人には難しいかもしれない．「人間大好き！」と自信をもっていえる人材であって欲しい．

　次に，相手にものごとを伝えるには，相手の立場になって考えられることが必要だ．口がどんなに達者でも伝えたいことが伝わるとは限らない．立て板に水の話術がかえって不信感を生んでしまうケースは多い．受け手が理解しようとする前向きの姿勢を呼び起こさなければコミュニケーションは成立しないわ

けで，話し手の誠実さや情熱を感じ取ってもらうことが前提条件となる．伝えようとする一言一言がどのように受け止められるかを相手の身になって想像し，言葉を選んで話すことが相手に安心感を与え，最終的な理解獲得に至るものだ．思いやりの心は最大のコミュニケーションツールといえる．

(2) 賢いもう1人の自分

コミュニケーション能力は豊富な人生経験により得られるものである．一つ一つの経験をこの能力の向上に最大限活かしていくために，「己を知る」ということの重要性を加えておきたい．誰もが五感による情報で何らかの感情変化を生じる．この感情の変化と原因となった情報との因果関係を冷静にとらえて脳に蓄積しておくことが大きな財産になる．それぞれの経験は，同様のシチュエーションの中で他人にも起こりうる感情の変化として1つの予測情報を形成する．この情報の積み重ねがなければ，本当の思いやりという心の作用は生まれない．自分のどんな些細な心情の変化をも察知できるもう一人の自分の存在が，「己を知る」第一段階だ．

番組が受けるかどうかは放送しなければわからない．そんな不安をかかえ制作は進む．しかし最後は，自分が面白いものは視聴者にも面白いという信念がプロデューサーを支えることになる．彼の不安が制作現場に漂ってしまったらスタッフの士気は間違いなく低下し，作品の質も連動してしまう．「このシーンを自分は好きだが視聴者は好まない」などといった判断に迷いがあってはならず，自分の趣味嗜好と視聴者ターゲットとの距離を正確に把握しておくことでその瞬時の判断が可能となる．人それぞれの異なる価値観を認めつつ，自分との相違点を認識できることがコミュニケーションにおける「己を知る」ということになると考える．

以上，テレビマンに最も必要なコミュニケーション能力について述べてきたが，けっして特別なものではなく，他の業界の人材においても重視される能力である．

ではテレビマンのアイデンティティはどこかというと，やはり「テレビがな

によりも大好き」ということになる．自分の頭の中のイメージを映像というマジックで現実化できるテレビの仕事は楽しい．そのための苦労を厭わず，四六時中番組づくりに没頭してしまうタイプの人間がテレビ局には集まっているといえる．

　伝送手段としての放送が消滅する時代もこないとは言い切れない．少なくとも，技術革新により伝送業務にかかわる人間の作業領域は間違いなく狭くなる．一方，コンテンツ制作は未来永劫人間にしかできない創造活動であり，それがテレビ局の存在意義となる日も近い．それを誇りに今後も良質のコンテンツを供給しつづけることが最大の使命であり，業界の存続もこれにかかっている．

　最後に「人間の人間による人間のためのコンテンツ」というパロディコピーにて本章を締めくくりたいと思う．

第10章

介護サービス：
ニチイ学館

1．介護業界の動向

(1) 官製市場

　介護業界は，社会保障の制度を存続基盤として成り立っている業界であるといってもよく，それゆえ，制度的規制を強く受けている業界である．サービスを提供しようとする事業者は，サービスの種類ごと，かつ事業所ごとに都道府県知事または市町村長の指定を受けなければならず，指定を受ける際にも，その後の事業運営においても，介護保険法の省令等で事細かに定められた人員，設備，運営，手続等の基準によって規制されている．介護サービスの報酬についても，省令等によって細かく決められたサービスの内容や時間等に対応して公定価額が定められている．このように公的介護の市場は一般的な産業市場と異なり，事業運営や市場を形成する諸要素の大部分が法令等で具体的に定められているので，「官製市場」といわれている．つまり，介護業界は政府の政策によって大きく影響される業界である．したがって，介護業界の動向を決める最大の要因となるものは，介護保険制度の改正や報酬の改定にあたって執られる政府の政策である．そして，介護保険制度の施行後，基準等の改正や報酬改定のたびに執られてきた政府の基本政策は，介護保険制度の財源である公

費の増大を抑制することであった．

（2） 介護保険給付費の抑制政策

わが国の財政はきわめて深刻な状況にあり，国も地方も「財政の健全化」が最大の政治課題となっている．政府・与党は2011（平成23）年初頭までに基礎的財政収支（プライマリー・バランス）を黒字化することを公約している．プライマリーバランスとは，国債の元利払以外の歳出は，新たな借金に頼らないことを意味するが，これを達成するためには，国の一般歳出の4割を超え，今後も増加が見込まれる社会保障についても，歳出の抑制努力が要請されるとしている．内閣総理大臣を議長とする経済財政諮問会議を梃子として毎年6月頃に，いわゆる「骨太の方針」が閣議決定されるが，「骨太の方針2006」では，2011（平成23）年度までの歳出改革として具体的な削減額まで表示されている．

このように財政の健全化が政府の基本政策となっている中で，介護保険制度についても，公費の増大をいかに抑制するかが，制度改正のたびに最優先課題となってきたのである．

施行から5年目の制度見直し（2006年4月の改正）においても，改正の意図するところは，歳出の削減・抑制による「持続可能な制度」への再設計であった．2006年の介護保険制度改正では，給付報酬単価の低い「介護予防」を新設し，軽介護度利用者への給付サービスを介護から介護予防へシフトさせることで介護給付を制限した．

介護給付を大幅に制限する制度改正に対しては，事業者やケアマネージャ等介護の現場から，利用者のニーズや事業現場の実態に反するものとして強い反対の主張があったが，大胆な給付制限がなされた背景には，介護現場では不必要な需要を掘り起こして儲けているという認識が喧伝されていた事情があった．安倍晋三氏は，2006年7月に発行したその著書『美しい国へ』の中で，「受給者が予想外に増えたのは，供給が需要をつくった側面がある」と述べている．

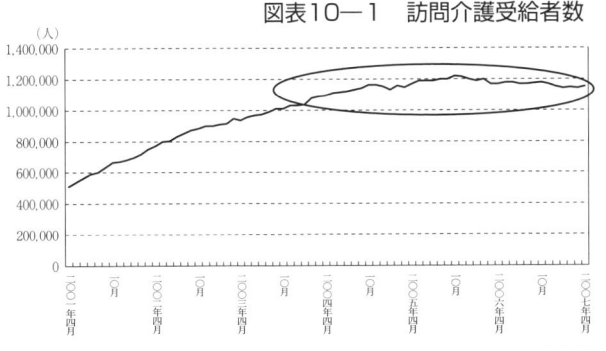

図表10－1　訪問介護受給者数

- 訪問介護受給者数は2005年11月をピークに減少を始めている．
- 訪問介護請求事業所の推移（2006年4月以降の予防給付については除く）は，訪問介護受給者数の伸び率が下がり，かつ，減少を始めた時点以降も引き続いて増加している．

図表10－2　1事業所当たり受給者数

細線：月当たりの1事業所当たり受給者数
太線：月当たりの1事業所当たり受給者数を4月ごとに計算した一連の平均値

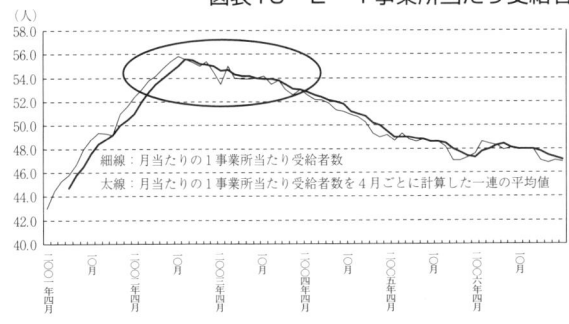

- 訪問介護受給者数の伸びを訪問介護請求事業所数の伸びが上回っている．
- 1事業所当たりの受給者数は，2002年12月頃をピークに減少している．

　しかし，このようなムードの中で断行された介護保険改正の当時，介護事業経営の実態はきわめて厳しい状況にあったのである．訪問介護受給者数は2005年11月をピークに減少を始めており（図表10－1），訪問介護1事業所当たりの受給者数は2002年12月頃をピークに減少している（図表10－2）．1事業所当たりのサービス回数も2002年10月頃から2003年4月頃をピークとして減少傾向にあった（図表10－3）．その結果，訪問介護1事業所当たりの費用額は2002年11月頃から2003年6月頃をピークとして減少傾向にあったのである（図表10－4）．事実，2005年度から赤字が続いていた訪問介護事業会社は少なくなかったのである．このような厳しい事業経営実態の下で断行された2006年の制度改正は，介護事業者の間に大きな打撃とともに行政や政治に対する不信感を与えることとなった．

　しかし，介護事業の経営実態が客観的資料によって明らかになってくるとと

図表10−3　訪問介護1事業所当たりサービス回数（日割）

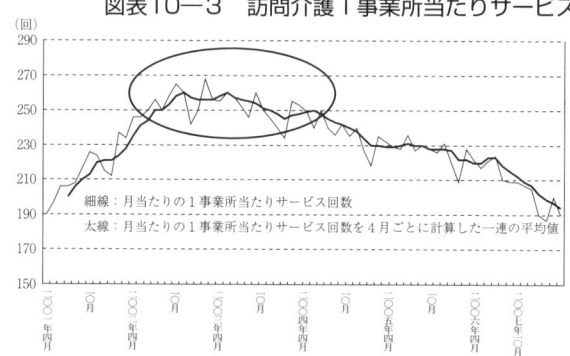

- 1事業所当たりの受給者数が減少している中で、結果として、**訪問介護1事業所当たりのサービス回数は減少傾向にある**.
- 訪問介護1事業所当たりのサービス回数のピークは、2002年10月頃から2003年4月頃までとなっている.

細線：月当たりの1事業所当たりサービス回数
太線：月当たりの1事業所当たりサービス回数を4月ごとに計算した一連の平均値

図表10−4　訪問介護1事業所当たり費用額（日額）

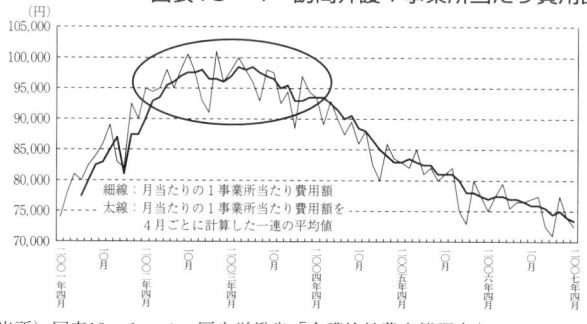

- 1事業所当たりの受給者数が減少し、また、上記のとおり、訪問介護1事業所当たりのサービス回数も減少していることから、**訪問介護1事業所当たりの費用額についても減少傾向にある**.
- 訪問介護1事業所当たりの費用額のピークは、2002年11月頃から2003年6月頃までとなっている.

細線：月当たりの1事業所当たり費用額
太線：月当たりの1事業所当たり費用額を4月ごとに計算した一連の平均値

出所）図表10−1〜4，厚生労働省「介護給付費実態調査」

もに，今後も財政目標一辺倒ともいうべき政策を続行すれば介護業界は疲弊し，介護サービスの供給インフラを維持することができなくなるという危機感が急速に高まってきた．もはや，これまでのような歳出削減目標ありきの介護保険給付費抑制政策をとることは限界の状況にある．このような状況認識を反映して，2009年4月の報酬改定では，全サービス平均で3％（厚生労働省試算）の増額改定がなされた．しかし，今後も続く厳しい財政状況の中で，増大する介護需要にどのように応えていくのか，現在，そのグランドデザインは描かれていない．

（3）広域事業者の業務管理体制の整備

　2006年の介護保険制度改正に向けた議論が進行していた頃，前述のように，

「営利事業者は，不必要な需要を掘り起こして儲けている」といった風評が喧伝されたが，非難の対象は，主に広域的に事業を展開している事業者に向けられていた．当時，全国規模で事業を展開している介護事業者は，ニチイ学館とコムスンであったが，売上高第2位のコムスンは，第1位のニチイ学館に追いつき，追い越せの合言葉のもとに急拡大の事業戦略を進めていた．このような状況の中で，2006年4月の介護保険制度改正では，事業所指定の更新制を導入し，指定の有効期間を6年と定めるとともに，広域で複数の事業所を営んでいる事業者の1つの事業所について指定の取消処分がなされた場合，その事業者が他の地域で営んでいるすべての事業所についても指定の有効期間の満了によって自動的に廃業となり指定の更新はできないこと，また，新規の事業所指定もできないこととなる，いわゆる指定取消処分の「連座制」が定められた．2007年6月，コムスンはこの連座制の規定を適用され，介護業界から撤退を余儀なくされるに至ったのである．

コムスンのサービス利用者約8万6千人，従業員約2万8千人は，厚生労働省の指導の下，会社法の「会社分割」という事業承継手法によって，比較的円滑に他事業者に承継されたが，コムスン事件は，新聞等を通じて多くの国民の関心事ともなり，介護事業者のモラルや規制のあり方についていくつかの問題を提起することになった．厚生労働省老健局は，これらの問題について「介護事業運営の適正化に関する有識者会議」等を設けて検討するなど，迅速に対応し，「介護保険法及び老人福祉法の一部を改正する法律案」としてまとめた．この法案は所定の手続きを経て，2008年5月28日，法律として公布された．この法律では，従来の事業所単位の規制とは別に，新たに事業経営者を単位とする規制として，事業経営組織本部への立入検査権が創設された．また，事業経営者が自主的に法令遵守担当者を選任し，法令遵守のマニュアルを整備するなどして業務管理体制を整備することの義務が規定されている．事業所指定・更新の連座制については，欠格事由となる不正行為が組織的な関与のもとに行われたのかどうかが連座の基準とされ，一律的な連座が改正された．

この法律は，不正事案の再発防止が眼目であったが，介護業界振興の観点からきわめて大きな意義をもつことになる．現在の在宅介護サービス業界は，零細・小規模事業者が圧倒的多数の状況にあるが，このような業界構造の下では，労働環境の向上が困難であり，また，自主的な法令遵守体制の整備や教育研修等の実践を期待することはむずかしい．すべてを公費で賄うというなら別であるが，民間経営資源の活用を考えるなら，中規模・大規模事業者の育成政策が望まれるのである．しかし，旧来から社会福祉の職域では，事業者の規模について，地域完結的な小規模事業者が好ましいとする考え方が有力であった．そのため，大規模事業者の進出には閉鎖的な地方自治体が少なからずみられた．しかし，この法律は，大規模事業者を介護インフラ整備の重要な担い手と位置づけた上で，その事業運営の適正化を図るための規制であり，介護業界の構造的な発展にとって布石となる意義をもつことになったのである．

(4) 期待される「サービス給付構造の効率化」

前述のごとく，「サービス給付の抑制」政策は，今後の展望を拓く基本政策にはなり得ないものである．厳しい財政の中での閉塞状況を打破するためには，「給付の抑制」と「介護保険料の値上げ」に終始するのではなく，より抜本的な「制度の効率化」に取り組む政策が期待される．「制度の効率化」は，サービス給付を削減しないで，国民負担を抑制する効果をもたらすからである．

「給付の効率化」に向けた改革という脈絡の中で，「営利企業の優位性」がクローズアップされつつある．現在，介護サービス供給事業の経営主体は，社会福祉法人，医療法人，地方自治体，協同組合，NPO等の非営利法人と株式会社等の営利法人によって構成されているが，「効率性の追求」ということでは，営利法人と非営利法人とでは，決定的な違いがある．それは，「効率性の追求」が仕組みとして制度化されている法人は営利法人のみであるということである．利益を生み出さなければならない営利法人は，「まだまだムダがある」という大前提に立って活動する．したがって，ムダの削減に努力が払われる．つ

まり，事業が効率化されていくのである．ところが，利益を生む必要のない非営利事業体の活動というものは，「もともとムダはない」という原則を出発点として規律されている．したがって，論理的には「ムダの削減」ということもあり得ないことになっている．つまり，効率化という概念自体を制度としてもち合わせていないのである．その結果，現実の現象として「非効率」が放置され，蓄積されていくことにもなる．

このような営利と非営利の制度的・構造的な違いに着目してムダをなくしていこうというポリシーが，「官から民へ」「管理から経営へ」という構造改革の基本方針である．この構造的な改革は，介護政策においても推進されなくてはならない．介護保険制度は「営利企業の参入」を制度化したが，営利企業が本来もっている「効率化の行動原理」を規制の基準等に導入しているとはいいがたいものである．効率化の行動原理は，「産業」の行動原理であるが，社会福祉の伝統的な精神風土は，現在に至っても，公的介護サービスの供給事業を「産業」として位置づけることに消極的である．社会福祉の職域がもつ固有の精神風土が介護サービス供給の非効率構造を存続させてきたともいいうるのである．

しかし，介護サービス供給構造の効率化は，待ったなしの状況にある．今後は，介護保険政策として「サービス供給の効率化」への変革が進むものと思われるが，そのことは，介護業界の構造が，零細・小規模事業から中規模・大規模事業の業界へと変貌を遂げていく契機となるものである．

すでに，事業者の合併や事業承継が活発となり，「サービスの総合化」や「事業の広域化」が一段と進行している．今後，この傾向は顕著になってくるものと思われる．

(5) 深刻な介護従事者不足

2006年頃から，介護従事者不足が深刻な問題となっている．2006年度の調査結果（厚生労働省および介護労働安定センター）によれば，全産業平均の離職率は16.2%であり，それに比べ介護職員やヘルパーの離職率は20.3%となって

図表10—5　離職率

	全体	正社員	非正社員
全産業平均	16.2%	13.1%	26.3%
介護職員	20.3%	21.7%	27.3%
ホームヘルパー		19.6%	14.0%

注1）全産業の出典は「平成18年度雇用動向調査結果（厚生労働省）」で，2006年1月1日現在の常用労働者数に対する1月から12月の期間中の離職者の割合を示す．
注2）全産業平均については，「全体」は「常用労働者」，「正社員」は「一般労働者」，「非正社員」は「パートタイム労働者」を指す．
注3）介護職員およびホームヘルパーの出典は「平成18年介護労働者実態調査（介護労働安定センター）」で，2005年9月1日の従事者数に対するその後1年間の離職者数の割合を示す．

図表10—6　一般労働者の男女比，平均年齢，勤続年数および平均賃金

	女				男			
	構成比	平均年齢	勤続年数	きまって支給する現金給与額	構成比	平均年齢	勤続年数	きまって支給する現金給与額
全事業	31.2%	39.1歳	8.8年	238.6千円	68.8%	41.8歳	13.5年	372.7千円
福祉施設介護員	70.8%	37.2歳	5.3年	206.4千円	29.2%	33.2歳	4.9年	227.1千円
ホームヘルパー	84.8%	44.7歳	4.5年	197.0千円	15.2%	37.6歳	3.9年	230.6千円

注）「一般労働者」とは短時間労働者以外の労働者であり，正規雇用・非正規雇用を問わない．
出所）厚生労働省「平成18年賃金構造基本統計調査」（調査時点：2006年7月）

いる．正社員においては，全産業平均の13.1%に比較して，介護職員の離職率は21.7%であり，相当高くなっている（図表10—5）．実際には，この数値以上に問題は深刻である．とくに政令市や東京23区等の大都市部における介護労働力の離職転職率の高さは深刻である．2006年の介護保険改定の影響を調査した改定介護保険制度調査委員会（委員長：安達清史・九州大学大学院人間環境学研究院准教授，事務局：社団法人長寿社会文化協会）の調査報告書によれば，政令市および特別区の訪問介護事業所の平均離職率は39.3%に達している．このうち，非正規非常勤職員ではなんと47.7%である．これらのデータは，い

ずれも大都市部の介護保険事業所で，介護職員の離職率が非常に高いことを示している．訪問介護事業や通所介護事業の介護現場では，求人を出しても人が集まらない現象が顕著になっているのである．

離職転職の理由として，アンケート調査等で最も多くあげられているのは，「賃金が低い」であり，次に「精神的にきつい」などとなっている．

介護現場からの離職者の増大は，介護保険制度の維持を危うくする現象であり，介護従事者の労働・処遇の実態（図表10－6）は，社会問題として取り上げられるようになってきた．介護従事者の処遇問題は，政治の場でも議論されるようになり，2008（平成20）年5月28日，「介護従事者等の人材確保のための介護従事者等の処遇改善に関する法律」が公布された．この法律の内容は「政府は，平成21年4月1日までに，人材確保のために，介護従事者等の処遇改善について検討し，必要な措置を講ずる」とするものであった．その具体的な政策として，政府は，2009年4月，介護職員処遇改善交付金として約4,000億円（2.5年分）などの予算措置をとることを決定した．この措置により，介護職員は平均15,000円（月額）の賃金アップが試算されている．

介護従事者の確保・処遇問題は，介護保険制度の問題として，制度的に解決しなければならない問題であるが，同時に，介護事業者の経営戦略の主要なテーマである．良質なサービスの供給力は，良質な人材の確保にかかっている．介護従事者の賃金・処遇レベルは，これまで，事業者間でほとんど同等であったが，今後は人材の処遇改善競争によって事業者間格差が生まれ，二極分化が進むものと考えられる．そして，この点においても，大規模事業者は競争優位に立っている．

2．ニチイ学館の沿革・経営理念と事業基本戦略

（1） 沿革

ニチイ学館の創業は1968（昭和43）年，現会長の寺田明彦が知合いの医師か

ら医療保険事務の仕事を頼まれたことからはじまる．これが評判を呼び，次々と医療事務の委託を受けるようになる．1961（昭和36）年に国民皆保険制度が実現し，病医院は医療報酬の請求事務を外部に委託するようになり，医療事務の受託事業という領域が急速に拡大しはじめた頃のことである．

医療事務という新たな事業領域は，社会進出への意欲をもつ女性にとって格好の職場を提供することになった．寺田は，全国医療事務研究会という会員制の任意団体を立ち上げ，医療保険請求事務技能者の養成事業と，養成講座修了者の職場となる病医院の医療事務受託事業を連動させた学習と就業の連鎖システムをつくった．この任意団体は，女性の学習意欲と事業参画意欲の実現をめざした団体として非経済的動機と経済的動機，非営利目的と営利目的が渾然として複合的組織体を形成していた．各地に編成された会員グループ間での収益目標達成に向けた競争意識は高かったが，個々のメンバーにおいては収入そのものへの欲求よりも，仕事を学ぶことや，自らの活動によってもたらされる事業拡大の達成感，満足感が優位のモチベーションとなっていた．仕事はおもしろく，誇らしいものであった．この任意団体組織の最大の特徴は，「強いリーダー」と「現場の自律性」とが見事に両立していたことである．

任意団体である全国医療事務研究会は，事業規模の拡大に伴って「権利義務の法的明確性」が求められるようになり，制度化された法人類型にシフトせざるを得ない社会的・経済的要請が高まってきた．このような社会的要請を背景として，当会の組織形態は，会員制の任意団体から株式会社へと，事業資源の同一性を保持しながら段階的に移行していった．任意団体全国医療事務研究会は，株式会社ニチイ学館に進化していったのである．1980（昭和55）年には47都道府県すべてに営業拠点が設置され，12支社93支店の営業体制が確立された．

1996（平成8）年，ニチイ学館は介護事業に参入した．同年4月，ホームヘルパー養成講座が厚生省に指定されるや，翌年4月には同講座を全国の支店で開講している．翌年7月，質の高い在宅介護で評価の高かった㈱ヘルシーライ

フサービスを吸収合併し，介護保険制度が施行された2000（平成12）年4月には，介護拠点770カ所を全国に設置したのである．

いち早く介護事業の全国展開を可能にしたのは，医療事務の全国営業体制が確立されていたからである．ニチイ学館の事業は，従来からの医療事務技能者の養成事業，病医院の医療事務受託事業に，介護事業を加え，3本柱となった．2002（平成14）年には東証一部に上場され，女性の社会参加からはじまった任意団体は，昆虫の変態のようにその組織構造を変化させながら典型的な大会社へとその姿を変えていったのである．

2007（平成19）年，株式会社コムスンが介護業界から撤退したことに伴い，同社が全国的に展開していたグループホーム事業，有料老人ホーム事業等を承継したことで，事業拠点数は，在宅系961拠点，施設系275拠点となり，在宅系，施設系ともに全国第1位の事業会社となったのである．

（2） 経営理念

創業者である寺田明彦（現会長）が，ニチイ学館の業務に従事するすべての者が共有すべきであると信じて疑わない価値観は「誠意・誇り・情熱」である．1970年代に定められたこの経営理念は，40年を経た現在も，ニチイグループ各事業現場の壁に掲げられ，2007（平成19）年より，唱和されるようになった．

企業活動は人間の活動に他ならない．企業の沿革は，人間の歩んだ歴史であり，物語である．企業を語るとき，そこではしばしば人間が語られる．ニチイ

社是　　　「誠意・誇り・情熱」
経営理念　「私達は誠意を以って社会参加の信条とし，社業の社会的使命を弁え，誇りをもって行動し，若々しい情熱で限りない未来への可能性に挑戦します．そして，社業の発展を通して豊かな人間生活の向上に貢献します．」
Brand Slogan
　　　　　「やさしさを，私たちの強さにしたい．」

学館の経営理念もまた，社会人としての，企業人としての，根本的な行動規範がうたわれているのである．

「誠意」こそは，人間関係形成の根本規範である．人間社会の信頼関係や契約関係の基礎にある行動規範は「誠意」である．「誠意」とは「人を思い遣る心」に根ざしている．ニチイのサービスは人を思いやる心から生まれる．誠意のないサービスはおよそサービスに値しない．サービス提供を業として社会参加するニチイは，社会参加の信条として第1に「誠意」を掲げているのである．

「誇り」がなければ何でもありになってしまう．誇りなき企業活動は金銭至上主義に陥ってしまう．誇りをなくした人間には倫理も道徳も礼節もない．社会的使命感をもたない企業はやがて存在感をも喪失する．永年存続する企業には，必ず「誇り」がある．ニチイ学館もまた，「誇り」を社是とするものである．

企業の関心は常に未来に向けられているものであるが，未来について確実なことは唯一，それが不確実であるということである．事業予測はしばしば外れ，失敗が繰り返される．失敗を回避することは不可能である．1つの成功の裏には10の失敗がある．企業の存続は，失敗しないことではなく，失敗しても立ち直る力にかかっている．この立ち直る力の源泉となるものが「情熱」である．情熱がなければ，事業は失敗によってそこで終わる．情熱は，企業存続の基本要素であり，創造の力となるものである．

(3) ブランド・スローガン 「やさしさを，私たちの強さにしたい．」

ニチイ学館にはブランド・スローガンというものがある．「やさしさを，私たちの強さにしたい．」という言葉である．このスローガンには，2つの意味が含まれている．1つは，人が本来もっている「やさしさ」という人間性を磨き，社会の中で輝かせることを意味し，それは，もう30年以上も前から進めてきた，ニチイの伝統的な仕事であることを表現したものである．

もう1つの意味は，人間と自然にかかわる世界観である．21世紀の人間文

化は,「人間の尊厳」にとどまらず,「自然の尊厳」を理念とする方向に進化すべきであるとする価値観である．ニチイは，自然が本来もっている「生命へのやさしさ」に眼差しを向け，自然を征服や対立の対象とみるのではなく，自然の生命システムを畏敬し，感謝し，自然との調和をめざした人間文明の構築をめざすべきであると考えている．自然と対立することが強さではない．「自然の中で育まれる人間」,「自然の子」としての強さをめざすべきであると考えている．「やさしさを，私たちの強さにしたい.」という言葉は，ニチイが，このような世界観をもった企業であることを宣言したものである．ニチイは，人を打ち負かすことが強さではない，自然を支配することが人間の強さではない，人や自然を思いやる心が人の強さを決める基準にならなければならないと考える哲学の下に，企業活動を展開していきたいと願っているのである．

(4) 介護事業の基本戦略と事業展開

介護事業は，人材サービスの事業である．人材は介護の事業展開の基盤となるものであるが，ニチイは，人材の確保・育成・定着について，以前より確固たるビジネスモデルを確立している．ニチイのビジネスモデルは,「ヒューマン・リソース・ディベロップメント・サイクル」つまり，教育事業で人材を育て，育てた人材を事業分野へ送り出し，現場のニーズを確実にとらえ，人材育成に反映する．そして，人材が提供するサービスの質を高め，幅を広げていくこと．それにより，さらに学習しようとする意欲をもった人びとをニチイに惹きつける．このサイクルを限りなく効果的に回していくことである．このような学習を基盤とした価値連鎖が，他社に追随を許さぬニチイのビジネスモデルとなっている．

ニチイは，北海道から沖縄まで，全国規模で事業を展開する唯一の介護事業会社であるが，事業の中心は，訪問介護やデイサービスなどの在宅系介護であった．しかし，2007年，コムスンの事業を承継したことで，グループホームや介護付有料老人ホームなどの居住系介護においても，一躍，トップ企業になった．さらに，2008年10月から，介護保険サービスと並んで保険外の自由契

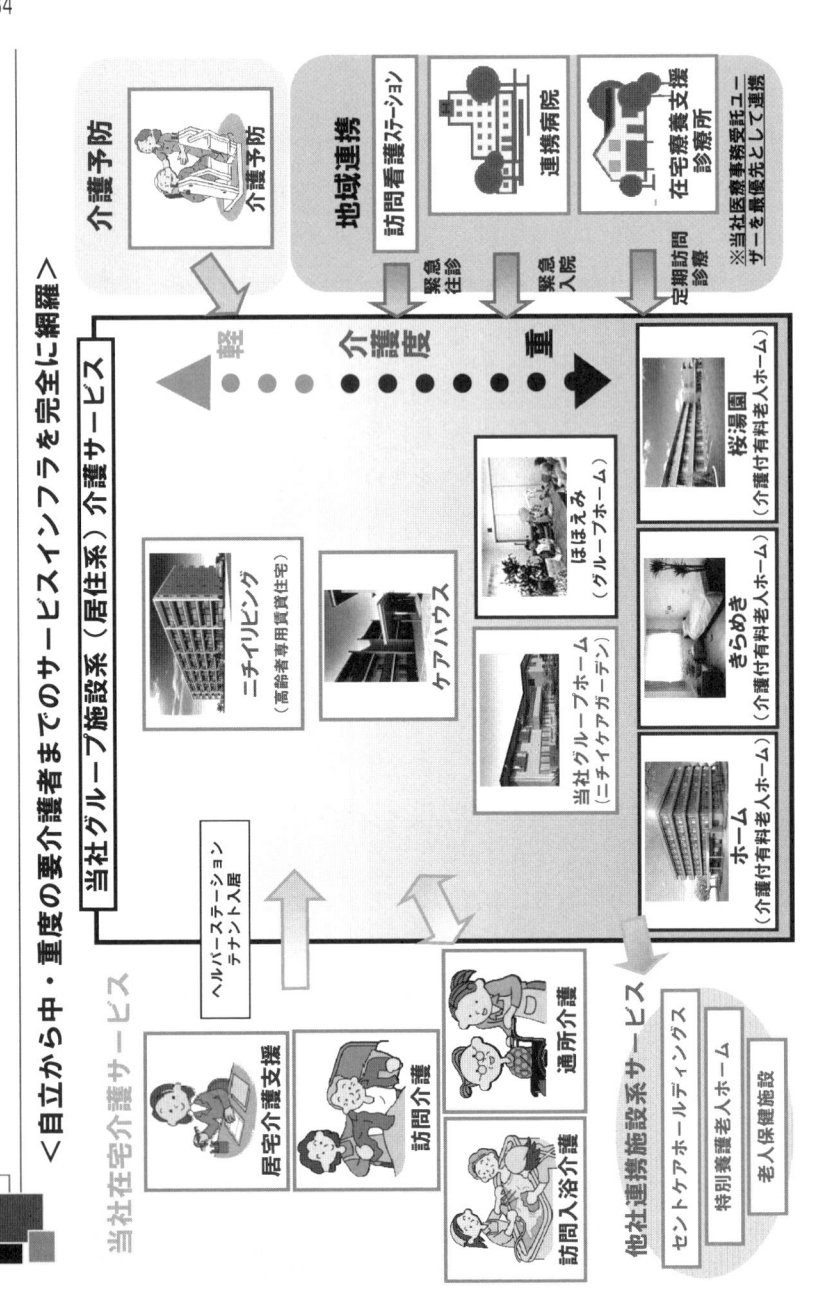

図表10−7 ニチイのトータル介護サービス

〈自立から中・重度の要介護者までのサービスインフラを完全に網羅〉

介護予防

地域連携
訪問看護ステーション
連携病院
在宅療養支援
※当社医療事務委託ユーザーを最優先として連携

緊急往診 / 緊急入院 / 定期訪問診療

軽 ←●●●●介護度●●●●● → 重

当社グループ施設系（居住系）介護サービス

ニチイリビング（高齢者専用賃貸住宅）
ケアハウス
ほほえみ（グループホーム）
当社グループホーム（ニチイケアガーデン）
桜湯園（介護付有料老人ホーム）
さらめき（介護付有料老人ホーム）
ホーム（介護付有料老人ホーム）

ヘルパーステーション テナント入居

当社在宅介護サービス
居宅介護支援
訪問介護
通所介護
訪問入浴介護

他社連携施設系サービス
セントケアホールディングス
特別養護老人ホーム
老人保健施設

約による「生活支援サービス」を本格的に開始している．これにより，ニチイは，自立から中・重度の要介護者までのサービスインフラを完全に網羅する「トータル介護サービス」を確立することになったのである（図表10－7）．

3．人的資源管理の特徴点と求める人材像

① 女性の幹部登用　パートとして入社した女性であっても，実績を重ねることで本社の取締役にまで昇進できる．東証一部上場企業になった後，4名の女性取締役が誕生した．また，支店長の74％（2008年4月現在）は女性であり，事業所の管理者も女性が多い．

② 月給者については人事考課制度が適用されているが，時給者についてはキャリア・アップ制度がある．入社後6カ月を過ぎると所定の評価面接および筆記試験を受験し，合格すると時給が上がる制度である．ステップは1から4まであり，入社時は全員ステップ1とし，ステップ4が最高ランクとなる．キャリアを積んで徐々にステップアップするスタッフもいれば，実力のあるスタッフについては「飛び級制度」を活用し，一気にステップ3またはステップ4を受験・合格し，時給の大幅アップを狙うことも可能である．

③ ニチイ学館は，千葉県柏市と兵庫県神戸市に宿泊設備の完備した大型研修施設を保有し，社員の育成・研修が充実している．介護事業部門における社内研修には，本社が実施する「本社研修」，各支店ごとの「支店研修」，事業所ごとの「事業所研修」がある．本社研修は研修内容によって「専門職研修」と「管理者研修」に分かれる．「専門職研修」は，介護の専門性を深め，専門職の指導層（スーパーバイザー）を育成することを目的としている．「管理者研修」は，人材管理，収支管理，適正運営管理等を内容とする管理者としての研修である．「支店研修」は，毎月1回，各支店ごとに実施されるもので，訪問介護事業所のケアマネージャやサービス提供責任者，デイサービスセンターの管理者や生活相談員等を対象に行われている．また，「事業所

研修」は，毎月1回以上，各事業所において開催されているもので，常勤，非常勤スタッフ全員を対象に，OJT，事例検討，法令解釈等の研修が行われている．また，総合職として入社した新卒社員には，入社後の研修期間において，対人マナーについての研修等が行われている．

ニチイの沿革や理念は，これまで述べてきたとおりである．ニチイが求める人材像は，このような，ニチイという企業がもっている価値観を共有できる人である．そして，企業目標に向かってともに努力することを惜しまない人である．

＃ 第**11**章

情報サービス産業

1．情報サービス産業の概況

（1） 情報サービス産業とは

　情報サービス産業は，コンピュータ製造業，情報通信業とともに，情報産業を構成する産業分野である．情報産業は，IT（Information Technology）産業もしくはICT（Information and Communication Technology）産業といわれ，社会の情報インフラを支える産業として世界的にも重要な産業である．

　近年，ソフトウェアやITサービスの重要度が高まり，コンピュータ製造業や情報通信業でも事業の主力はソフトウェアやITサービスを提供するシステムインテグレーションサービス（SI）に移行しつつあり，3つの事業領域の垣根はなくなってきている．

　また，わが国の産業を網羅的に分類する総務省「日本標準産業分類」では，IT産業は情報通信業と製造業の一部から構成される．情報通信業は，情報サービス業，通信業，インターネット関連サービス業に加え，放送業や映像・音声・文字情報（コンテンツ）制作業までを含む．製造業では，情報通信機械器具製造業，電子部品・デバイス製造業などコンピュータ関連機器の製造業が含まれる（図表11—1）．

図表11－1　情報産業の分類

情報通信業

37 通信業
　371 信書送達業
　　3711 信書送達業
　372 固定電気通信業
　　3721 地域電気通信業（有線放送電話業を除く）
　　3722 長距離電気通信業
　　3723 有線放送電話業
　　3729 その他の固定電気通信業
　373 移動電気通信業
　　3731 移動電気通信業
　374 電気通信に附帯するサービス業
　　3741 電気通信に附帯するサービス業

38 放送業
　381 公共放送業（有線放送業を除く）
　　3811 公共放送業
　382 民間放送業（有線放送業を除く）
　　3821 テレビジョン放送業（衛星放送業を除く）
　　3822 ラジオ放送業（衛星放送業を除く）
　　3823 衛星放送業
　　3829 その他の民間放送業
　383 有線放送業
　　3831 有線テレビジョン放送業
　　3832 有線ラジオ放送業

39 情報サービス業
　391 ソフトウェア業
　　3911 受託開発ソフトウェア業
　　3912 パッケージソフトウェア業
　392 情報処理・提供サービス業
　　3921 情報処理サービス業
　　3922 情報提供サービス業
　　3929 その他の情報処理・提供サービス業

40 インターネット付随サービス業
　401 インターネット付随サービス業
　　4011 インターネット付随サービス業

41 映像・音声・文字情報制作業
　411 映像情報制作・配給業
　　4111 映画・ビデオ制作業（テレビ番組制作業を除く）
　　4112 テレビ番組制作業
　　4113 映像・テレビ番組制作配給業
　412 音声情報制作業
　　4121 レコード制作業
　　4122 ラジオ番組制作業
　413 新聞業
　　4131 新聞業
　414 出版業
　　4141 出版業
　415 映像・音声・文字情報制作に附帯するサービス業
　　4151 ニュース供給業
　　4159 その他の映像・音声・文字情報制作に附帯するサービス業

製造業

28 情報通信機械器具製造業
　281 通信機械器具・同関連機械器具製造業
　　2811 有線通信機械器具製造業
　　2812 無線通信機械器具製造業
　　2813 ラジオ受信機・テレビジョン受信機製造業
　　2814 電気音響機械器具製造業
　　2815 交通信号保安装置製造業
　　2819 その他の通信機械器具・同関連機械器具製造業
　282 電子計算機・同附属装置製造業
　　2821 電子計算機製造業（パーソナルコンピュータ製造業を除く）
　　2822 パーソナルコンピュータ製造業
　　2823 記憶装置製造業
　　2824 印刷装置製造業
　　2829 その他の附属装置製造業

29 電子部品・デバイス製造業
　291 電子部品・デバイス製造業
　　2911 電子管製造業
　　2912 半導体素子製造業
　　2913 集積回路製造業
　　2914 抵抗器・コンデンサ・変成器・複合部品製造業
　　2915 音響部品・磁気ヘッド・小形モータ製造業
　　2916 コネクタ・スイッチ・リレー製造業
　　2917 スイッチング電源・高周波ユニット・コントロールユニット製造業
　　2918 プリント回路製造業
　　2919 その他の電子部品製造業

出所）総務省「日本標準産業分類」より

（2） 情報サービス産業の変遷

世界で最初の大型コンピュータが登場したのは1946年である．わが国でも，55年には東京証券取引所などに導入され，コンピュータの民間活用もすでに50年を超えた．当時，コンピュータは非常に高価であり，共同利用のために多くの計算センターが設立され，それが今日の情報サービス産業のはじまりでもある．

以後，情報サービス産業は，コンピュータ利用の拡大とともに，50年代後半～70年代後半の「情報処理主力の時代」，80年代前半～半ばの「ソフトウェア開発拡大の時代」，80年代半ば～後半の「急成長とSIの時代」，90年代前半～半ばの「分散型システムへの転換の時代」，90年代半ばから～後半「ネットワーク化とアウトソーシング化の時代」などの変遷をへて，今日の「社会インフラとしてIT浸透の時代」を支える産業へと発展してきた．

今日の情報システムは，社会・経済を支える必要不可欠なインフラであり，その重要性はますます大きくなっている．また，国ならびに企業の競争力は，情報システムを有効に活用できるか否かにより大きく左右される．なかでもソフトウェアが創出する価値こそが競争力の源泉であり，この一端を担う情報サービス産業の社会的使命と責任はますます重大なものとなるであろう．

（3） 売上高と就業者の現状

情報サービス産業の売上高は，2006年にはソフトウェア開発の11兆1,600億円と情報処理の5兆5,693億円を合わせ16兆7,293億円であった．内訳は，「受注ソフトウェア開発」54.1%，「ソフトウェア・プロダクト」8.5%，「ソフトウェア開発（分類不明）」4.1%とソフトウェア開発関連が66.7%を占める．一方，「情報処理サービス」10.4%，「システム等管理運営受託」7.5%，「データベース・サービス」1.5%，「情報処理（分類不明）」9.0%と情報処理関連は28.4%を占める．また，従業員数は82万723名であり，職種別には「システムエンジニア」42.8%，「プログラマ」20.4%，「管理・営業」18.0%，「研究員」0.8%，「その他（オペレータ，キーパンチャー含む）」18.0%であった（経済産

業省「特定サービス産業実態調査」).

(4) 市場と業務の特徴

　情報サービス産業における市場の特徴は，売上の大部分が対企業・事業所向け（B to B）によるソフトウェア開発やITサービスの受託型事業が占めることにある．そのため，発注者との間では委託契約により，業務内容やお互いの役割と責任を明確にする必要がある．また，受注者は，受託契約ごとにプロジェクトを組織し，業務の規模や内容によって再委託を行うことが多い．その結果，業界内には1万社を超える企業が存在し，多重下請構造が生み出され，プロジェクトは異なる企業の従業者により構成されることが特徴となっている．

2．情報システム構築・運用の仕事

(1) プロセスとアクティビティ[1]

　情報システムの構築は，その工程から「分析」「設計」「プログラミング」「テスト」「運用・保守」のプロセスに分類される．分析は，さらに「システム企画」と「要求定義」に分けられ，主にコンサルタントや高度ITスペシャリスト，プロジェクトマネージャなどが担当し，成果物としてシステム企画書や要求仕様書を作成するためのアクティビティが定義される．設計は，「基本設計（システム設計）」と「詳細設計（モジュール設計）」に分けられ，主にITスペシャリストが担当し，基本設計書（システム設計書）や詳細設計書（モジュール設計書）を作成する．プログラミングは，主に比較的経験の浅いITスペシャリストが詳細設計書にしたがいプログラム作成を行う．テスト工程は，さらにモジュール単体のプログラムテスト，複数のモジュールを結合したサブシステムレベルの結合テスト，サブシステムを結合した全体システムとしてのシステムテストに分けられ，それぞれ動作や機能の確認が行われる．運用・保守は，実際にシステムが稼働した後に運用評価や変更要求や想定していなかった不具合への対応を行う．

ソフトウェア開発は，目にみえないものを複数の技術者がプロジェクトチームでつくりあげていくことから，作業の進捗管理や製品の品質管理が難しいという業務特性がある．また，ソフトウェアは人の手でつくられ，個人の属人的な経験・ノウハウなどに依存する傾向が強い．そのため，ソフトウェア開発の成否は，プロジェクト管理と参加する人材のスキルが重要となっている．

(2) プロジェクトマネジメント

プロジェクトの管理をプロジェクトマネジメントという．プロジェクトマネジメントの機能は，システム化計画にもとづきプロジェクト実行計画の策定，必要な人員や資源の調達，プロジェクト体制の確立から始まり，プロジェクトが動き出すと予算管理，納期管理，要員管理，品質管理など，円滑な業務遂行の確保が重要になる．決められた期日までに情報システムを完成できるか，求められる機能を十分に満足しているか，高い品質を確保しているか，24時間にわたり情報システムの安定的な稼働ができているか，予算内に費用・経費を収められるかなど，これらはすべてプロジェクトマネジメントの優劣にかかってくる．

3．情報サービス産業の人材

(1) 主な職種

情報技術者の職種は，システム設計・開発を行うシステムエンジニア（SE）とプログラマ（PG），システム運用を行うオペレータ（OP）に大別されてきた．しかし，今日ではシステム構築の工程や分野によって役割や業務が多岐にわたり，職務内容とレベルにより次のような分類が一般的となっている．

① コンサルタント

コンサルタントには，業務改善や戦略的ビジネス展開を図るうえで必要な情報技術について分析・提案する「ITコンサルタント」，特定業界の業務知識をもとに戦略的なビジネス展開やBPR（ビジネス・プロセス・リエンジニアリング）

の実践によるソリューション（課題解決方法）を提案する「業務コンサルタント」がある．

② プロジェクトマネージャ（PM）

情報システムの構築・運用について，プロジェクトの計画，推進，管理，監督を行う管理責任者である．プロジェクトの規模は，数名から数十名，ときには複数のサブプロジェクトを束ねて数百名規模のものもある．プロジェクトマネージャは，プロジェクトの要員など必要な資源を調達し，プロジェクト体制を確立するとともに，予算・進捗・納期・品質・要員などのすべての管理を行う．また，システムやネットワークの管理や保守・運用プロジェクトの責任者として，計画策定，要員など必要な資源の調達，プロジェクト体制の確立および予算・納期・品質などを統括する．

③ IT スペシャリスト

IT スペシャリストは，情報システムの構築・運営を行う技術者であり，その専門性によりアプリケーションスペシャリスト，ネットワークスペシャリスト，データベーススペシャリスト，システム管理スペシャリストに区別される．

アプリケーションスペシャリストは，顧客のシステム化要求を分析し，情報システムの企画，システム設計，プログラム開発，プログラムのテスト・変更・修正を行い，顧客の要求にあった情報システムの完成と活用できる環境を整える．システムの企画や設計を担当する技術者をシステムエンジニア（SE），プログラム開発を担当する技術者をプログラマ（PG）ともいう．

ネットワークスペシャリストは，ネットワークに対する要求を分析し，効率性・信頼性・安全性の高いネットワークシステムを構築し，その安定的な運用を確保するための技術支援を行う．

データベーススペシャリストは，データベースを構築し，データ管理者として情報システム全体のデータ管理やデータベースに関する技術支援を行う．

システム管理スペシャリストは，システムの構成管理，障害管理，パフォー

第11章 情報サービス産業 193

図表11−2 ITスキル標準のスキルフレームワーク

職種	専門分野	レベル7	レベル6	レベル5	レベル4	レベル3	レベル2	レベル1
マーケティング	マーケティングコミュニケーション							
	販売チャネル戦略							
	マーケティングマネジメント							
セールス	メディア利用型セールス							
	訪問型製品セールス							
	訪問型コンサルティングセールス							
コンサルタント	ビジネスファンクション							
	インダストリ							
ITアーキテクト	インフラストラクチャーアーキテクチャ							
	インテグレーションアーキテクチャ							
	アプリケーションアーキテクチャ							
プロジェクトマネジメント	ソフトウェア製品開発							
	ネットワークサービス							
	ITアウトソーシング							
	システム開発							
ITスペシャリスト	セキュリティ							
	システム管理							
	アプリケーション共通基盤							
	データベース							
	ネットワーク							
	プラットホーム							
アプリケーションスペシャリスト	業務パッケージ							
	業務システム							
ソフトウェアデベロップメント	応用ソフト							
	ミドルソフト							
	基本ソフト							
カスタマサービス	アプリケーションマネジメント							
	ソフトウェア							
	ハードウェア							
ITサービスマネジメント	サービスデスク							
	オペレーション							
	システム管理							
	運用管理							
エデュケーション	インストラクション							
	研修企画							

出所）情報処理推進機構・ITスキル標準センター

マンス管理，課金管理，セキュリティ管理を行い，安定的・効率的な運用を確保するための改善活動を行い，システム利用者に技術的サポートを行う．

(2) ITスキル標準

ITスキル標準（ITSS）とは，IT関連産業界と経済産業省により2002年12月に策定された，情報技術者の能力を職種やレベルに応じて定義・体系化したフレームである．11職種35専門分野を7つのレベルに分け，職種と専門分野ごとに実務能力レベルを客観的に評価する「達成度指標」，各職種・専門分野ごとの共通スキルと固有スキルの項目を記述する「スキル領域」，スキル項目ごとの習熟度合いを示す「スキル熟達度」を記述し，ITプロフェッショナルとしてのスキルの共通概念を定義している（図表11-2）．ITスキルを体系化した標準は欧米にも存在し，アメリカのNWCET（National Workforce Center for Emerging Technology），イギリスのSFIA（Skills Framework for the Information Age）など，IT人材の戦略的育成に寄与している．わが国のITSSもこれらを参考にしている．

(3) 人材の過不足状況

現在，情報サービス産業で最も必要とされる職種は「プロジェクトマネジメント」「アプリケーションスペシャリスト」であり，「ITアーキテクト」[2]も不足感が高い．一方，オペレーションは不足感も低く，一部では過剰ともされている．また，「ITスペシャリスト」「アプリケーションスペシャリスト」「ソフトウェアディベロップメント」でもエントリレベル（E）には過剰感もあり，人材育成により上位職種へのステップアップが課題になっている．また，組込み系人材として[3]「プロダクトマネージャ」「ドメインスペシャリスト」「システムアーキテクト」なども不足感が高く，今後ますます必要とされる職種である（図表11-3）．

人材の過不足状況からみえる情報サービス産業の人材ニーズとしては，情報システムの企画・設計を行うコンサルタントやITアーキテクトなど高度IT人材，開発・運用チームを成功に導くプロジェクトマネージャ，高度な技術を

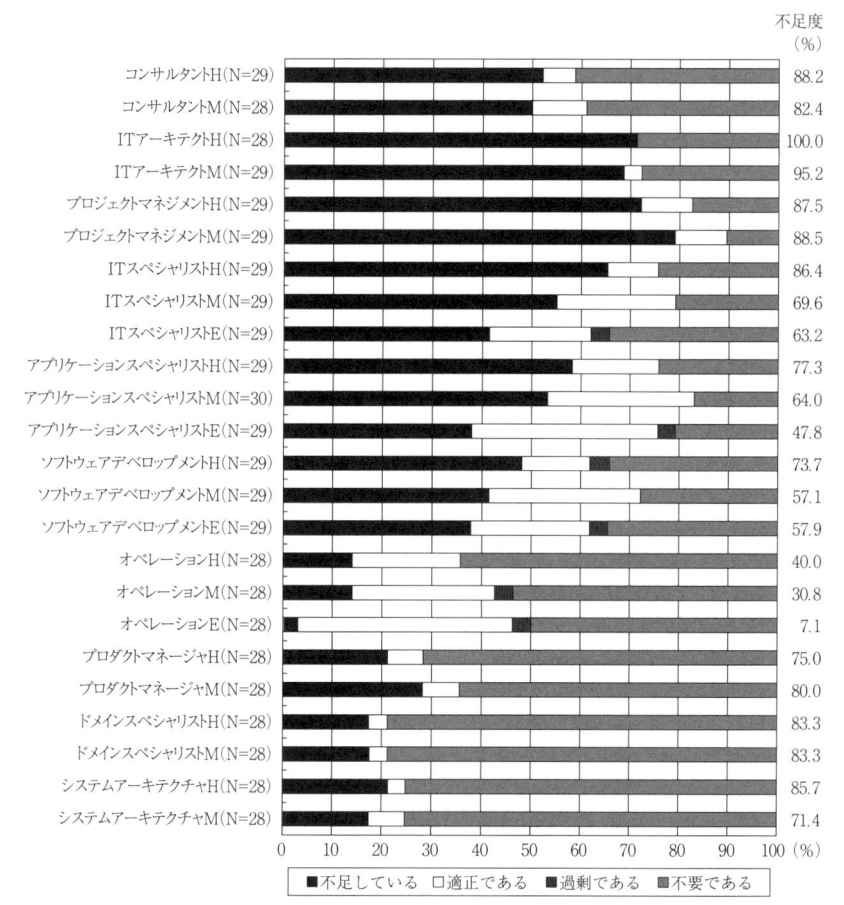

図表11－3　職種・レベル別人材過不足状況

不足度（％）

職種	不足度(%)
コンサルタントH(N=29)	88.2
コンサルタントM(N=28)	82.4
ITアーキテクトH(N=28)	100.0
ITアーキテクトM(N=29)	95.2
プロジェクトマネジメントH(N=29)	87.5
プロジェクトマネジメントM(N=29)	88.5
ITスペシャリストH(N=29)	86.4
ITスペシャリストM(N=29)	69.6
ITスペシャリストE(N=29)	63.2
アプリケーションスペシャリストH(N=29)	77.3
アプリケーションスペシャリストM(N=30)	64.0
アプリケーションスペシャリストE(N=29)	47.8
ソフトウェアデベロップメントH(N=29)	73.7
ソフトウェアデベロップメントM(N=29)	57.1
ソフトウェアデベロップメントE(N=29)	57.9
オペレーションH(N=28)	40.0
オペレーションM(N=28)	30.8
オペレーションE(N=28)	7.1
プロダクトマネージャH(N=28)	75.0
プロダクトマネージャM(N=28)	80.0
ドメインスペシャリストH(N=28)	83.3
ドメインスペシャリストM(N=28)	83.3
システムアーキテクチャH(N=28)	85.7
システムアーキテクチャM(N=28)	71.4

■不足している　□適正である　■過剰である　■不要である

出所）情報サービス産業協会「職種別・レベル別人材過不足状況および給与水準調査」（2006年12月）

有するITスペシャリストへの需要が高いことがわかる．

　これら人材は，国際的にも求められる人材であり，優秀なIT人材の活躍の場はより一層に世界へ広がっていくことだろう．

4．人的資源管理の特徴

(1) 採用

　世界の各国では，将来にむけたイノベーションを情報通信により実現するため，社会全体のIT化と情報通信産業の強化を国家戦略として積極的に推進している．とくに優秀なIT人材の採用と育成はグローバルな課題となっている．

　しかし，近年の日本では，学生など若者にITの仕事の魅力や社会的重要性が見過ごされる傾向がある．さらには，他産業とのIT人材獲得競争の激化，情報工学等を専攻する学生の減少などにより，情報サービス産業における採用環境は厳しくなっている．新卒採用者の出身学部・学科別内訳は，文科系大学30.6％，情報系大学18.8％，理科系大学18.1％で多く，情報系の大学・大学院出身者は24.1％，情報系と理系の大学・大学院出身者は52.1％であり，近年では文科系大学の出身者が増加している（情報サービス産業協会『「ITSSに基づく新入社員教育コース」による効果的な人材育成の実践』2008年3月）．

(2) 育成

　今日の世界では，情報システムやソフトウェアはあらゆる産業の国際競争力の源泉となり，高度IT人材の育成は重要な国家戦略となっている．一方，情報サービス産業には情報工学などの専門教育を受けずに就職する人材も少なくない．そのため，新入社員教育において基礎教育を実施し，業界全体での技術者のレベルアップが課題となる．新入社員教育は，内定者研修，新入社員研修，OJT（オン・ザ・ジョブ・トレーニング）など初任者教育を実施し，情報工学やプログラミング基礎など情報関連科目を履修していない新入社員のレベルアップを図っている．新入社員研修は平均2.33カ月の期間を費やし，テクノロジ基礎，ソフトウェアエンジニアリング基礎，コミュニケーション基礎，社会人基礎教育・ビジネスマナー，コンプライアンス，会社の仕組みや規定・社内制度・社内手続きなどの教育を行う．部門配属後は，OJTにより平均8.7カ

月間，実際の業務において技術や技法を確かめ，仕事の進め方を身につけていく．

一方，「産学官連携による高度情報通信人材の育成強化に向けて」(日本経団連の提言，2005年6月) を契機として，世界に通用する高度IT人材 (プロジェクトマネージャ，ITアーキテクト，ITコーディネータ，組み込みソフトの専門家等) の育成プログラムも産学官の連携により実施されている．

(3) 評価

評価制度は，年功制から成果重視を指向し，高度プロフェッショナルを育成・評価できる仕組みをめざす傾向が高い．従業員は，生産性にもとづく格付け，役割 (職務内容や責任の大きさ) に応じた格付け，職能・スキルに応じた格付け，役職 (管理職，スタッフ職，営業職等) に限定した等級制度などにより，能力 (潜在能力) から役割や成果 (生産性) を評価され処遇されることになる．また，近年では等級制度をITスキル標準と連動させる企業も増えてきている．

業績・実績の評価には目標管理制度を運用していることが多い．目標管理の結果は主に賞与に反映されるが，給与および昇降格にも反映させる．スキル評価にはITスキル標準を用いている企業が増えている一方で，独自の行動基準を設定する企業も多い．また，優秀な人材の行動特性 (コンピテンシー) を評価基準とする企業もある．

(4) あるべき働き方の実現

情報サービス産業では，働く環境の向上を図るために"あるべき働き方"を示し，労働時間の適正化を図り，ワーク・ライフ・バランスを実現し，従業員満足度の倍増および女性管理職，プロジェクトマネージャの増加などを目標として掲げている．また，働く一人ひとりが自身の仕事に誇りをもち，経営の主体性を保持し，魅力ある産業を実現し，様々な社会的要請に対応し，自らが企業や産業とともに成長できる環境づくりをめざしている．

一方，システム開発の現場では，短納期化，多発する仕様変更，新たな技術

図表11—4　長時間労働の要因を検討するためのフレーム

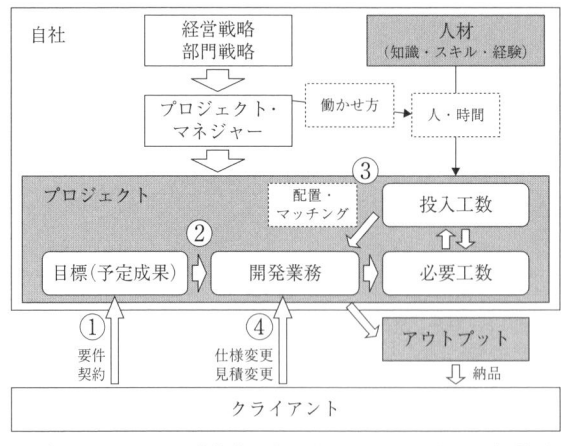

図表11—5
長時間労働の要因

- 仕様が決まらない，採算性が悪い（①）
- 業務が標準化されていない，工数を少なく見積りがちである（②）
- 常に新たな技術が求められる（②）
- 配置が適切でない，仕事のできる人に業務が集中する，適切な人材不足（③）
- 仕様変更に対応できない，設計変更が多い（④）

出所）情報サービス産業協会，全国労働基準関係団体連合会「魅力ある情報サービス産業をめざして」より

や開発手法の習得，個人情報や機密情報の管理強化など，業務の過密度がますます高まり，労働時間が長くなっている（図表11—4，図表11—5）．働く環境の向上を図るには，仕事量が増大する構造に着目し，阻害要因を改善しない限り，労働時間の適正化は促進されない．そのためには，仕事の進め方（プロジェクトマネジメント）を改善し，生産性を高めていく必要がある．

マネジメント・レベルは，仕事の進め方が個々の担当者により属人的に行われている第1段階から，プロジェクトマネージャによる仕事管理が確立している第2段階，組織として管理が標準化されている第3段階，さらに仕事が定量的に把握・管理されている第4段階，組織として仕事が自立的に改善されている第5段階の5つのレベルに整理できる（図表11—6）．

企業は，自社のプロジェクトマネジメントを，プロジェクト管理，工程管理，ソフトウェアエンジニアリング，マネジメントの支援の側面からチェックし，マネジメント・レベルを上げ，生産性を高め，労働時間の短縮を実現する必要がある．

図表11－6　CMMI（Capability Maturity Model Integration）等を参考に作成したマネジメントレベル・モデル

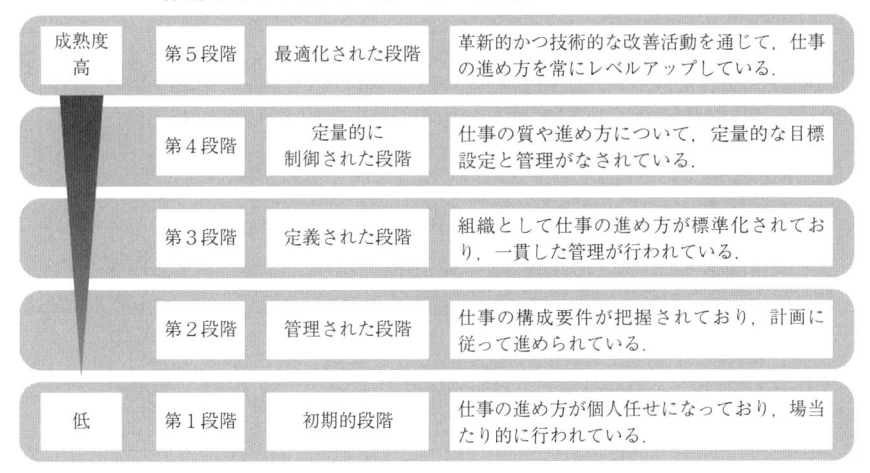

成熟度	段階	名称	説明
高	第5段階	最適化された段階	革新的かつ技術的な改善活動を通じて，仕事の進め方を常にレベルアップしている．
	第4段階	定量的に制御された段階	仕事の質や進め方について，定量的な目標設定と管理がなされている．
	第3段階	定義された段階	組織として仕事の進め方が標準化されており，一貫した管理が行われている．
	第2段階	管理された段階	仕事の構成要件が把握されており，計画に従って進められている．
低	第1段階	初期的段階	仕事の進め方が個人任せになっており，場当たり的に行われている．

出所）情報サービス産業協会，全国労働基準関係団体連合会「魅力ある情報サービス産業をめざして」より

5．求める人材像

（1）求められる高度IT人材

　世界各国において，情報システムやソフトウェアの競争力はあらゆる産業の国際競争力の源泉として認知されつつある．アメリカでは，大学から実践的エンジニアリング教育を実践し，プログラマ育成よりもITアーキテクトやアナリストや設計者など，より高付加価値な人材育成が重視されている．中国では，国家戦略として「ソフトウェア産業振興アクションプラン」が公布され，全国35大学に新設されたソフトウェア学院で，実用性・国際性を重視した実践的なカリキュラムによるIT教育が行われている．韓国でも，選抜されたエリート学生に対し，国家戦略として実践と国際性を重視したIT教育を行っている．

　一方，わが国の情報工学教育は，依然として学問的なコンピュータ科学が中心であり，プロジェクトマネジメント，モデリング手法，設計手法など企業実

図表11-7 高度IT人材の体系

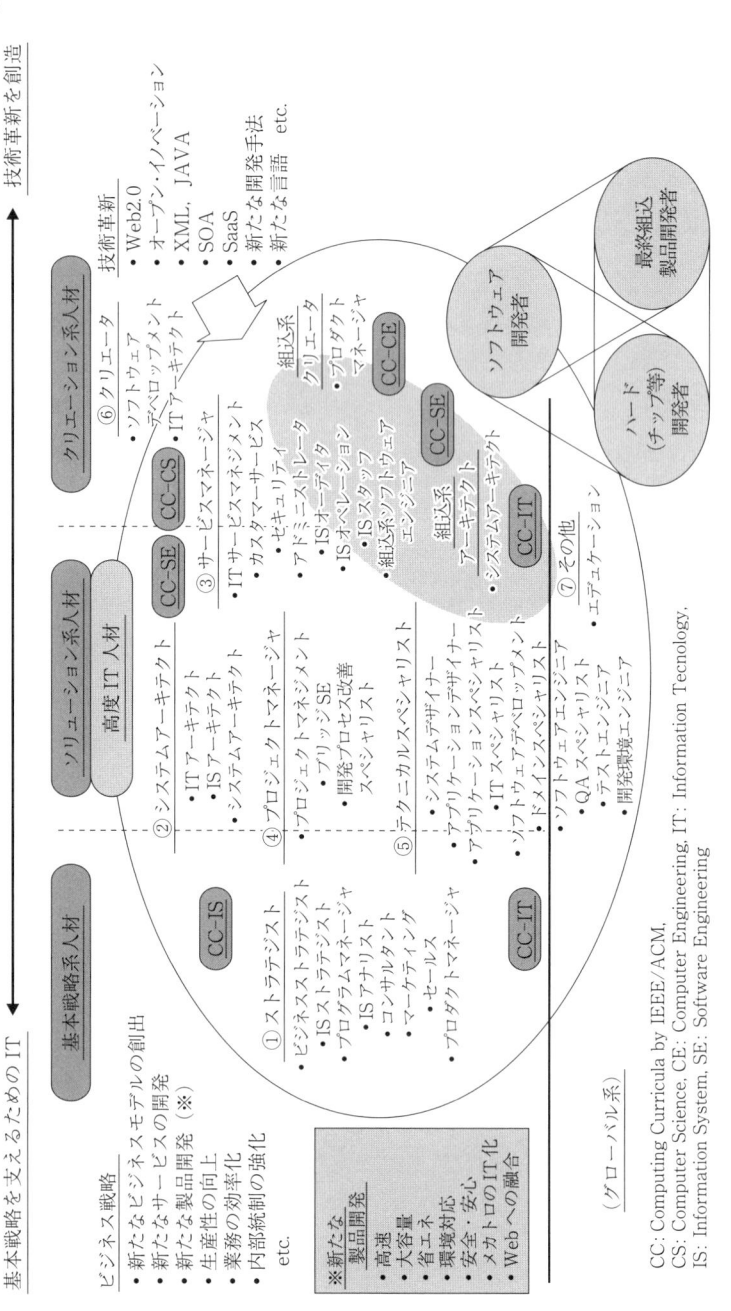

基本戦略を支えるためのIT ←――――――――――――――→ 技術革新を創造

ビジネス戦略
- 新たなビジネスモデルの創出
- 新たなサービスの開発
- 新たな製品開発（※）
- 生産性の向上
- 業務の効率化
- 内部統制の強化
etc.

※**新たな製品開発**
- 高速
- 大容量
- 省エネ
- 環境対応
- 安全・安心
- メカトロのIT化
- Webへの融合

技術革新
- Web2.0
- オープン・イノベーション
- XML, JAVA
- SOA
- SaaS
- 新たな開発手法
- 新たな開発言語 etc.

高度IT人材

基本戦略系人材

① ストラテジスト　〔CC-IS〕
- ビジネスストラテジスト
- ISストラテジスト
- プログラムマネージャ
- ISアナリスト
- コンサルタント
- マーケティング
- プロダクトマネージャ

ソリューション系人材

② システムアーキテクト　〔CC-SE〕
- ITアーキテクト
- ISアーキテクト
- システムアーキテクト

③ サービスマネージャ　〔CC-CS〕
- ITサービスマネージメント
- カスタマーサービス
- セキュリティ
- アドミニストレータ
- ISオペレーション
- ISスタッフ
- 組込系ソフトウェアエンジニア
- システムアーキテクト　〔CC-IT〕
組込系アーキテクト

④ プロジェクトマネージメント
- ブリッジSE
- 開発プロセス改善スペシャリスト

⑤ テクニカルスペシャリスト
- ソフトウェアデザイナー
- アプリケーションデザイナー
- アプリケーションスペシャリスト
- ITスペシャリスト
- ソフトウェアデベロップメント
- ドメインスペシャリスト

クリエーション系人材

⑥ クリエータ　〔CC-CS〕
- ソフトウェアデベロップメント
- ITアーキテクト

組込系
クリエータ
プロダクトマネージャ　〔CC-CE〕

⑦ その他
- ソフトウェアエンジニア
- QAスペシャリスト
- テストエンジニア
- 開発環境エンジニア
- エデュケーション

〔グローバル系〕

ソフトウェア開発者
├ 最終組込製品開発者
└ ハード（チップ等）開発者

CC: Computing Curricula by IEEE/ACM.
CS: Computer Science. CE: Computer Engineering. IT: Information Tecnology.
IS: Information System. SE: Software Engineering

出所）産業構造審議会情報経済分科会情報サービス・ソフトウェア小委員会に設置された人材ワーキンググループ「高度IT人材の育成をめざして」

務に直結する実践的な教育が弱く,企業ニーズと大きなギャップがあるのが現状である.

(2) 企業の人材ニーズ

IT企業における採用の判断基準は,新卒採用では情報工学などIT専門系学科の「専攻」に加え,情報技術者としての「資質」や「パーソナルスキル」を重視する企業が多い.また,最近では,業務遂行能力としてのコンピテンシーを重視する企業が増えている.コンピテンシー(行動特性)とは,一般的には「高い業績をあげている者の行動や思考などに見られる行動特性」と定義される.活躍しているITエンジニアのコンピテンシーを分析すると,「挑戦意欲に富んでいる」「学ぶことや技術・知識を吸収することに貪欲である」「評論ではなく自ら行動し問題解決できる」「相手の立場・主張を理解し問題の本質を見抜くことができる」「先入観にとらわれず時と場合に応じたコミュニケーションができる」「心身ともにタフである」などが共通している.

(3) 求められる人材像

経済産業省の産業構造審議会は,報告書「高度IT人材の育成をめざして」により,「ITと経営の融合」「ITアーキテクチャの変貌」「グローバル標準化」などの構造変化に対応し,これから求められる高度IT人材像として3つの人材像とそれに対応した7つの人材類型を示している(図表11-7).

基本戦略系人材は,企業などが直面する経営課題に対して,ビジネスモデル構築,プロセス改善,製品・サービス開発など,ITの活用により高付加価値を創造する新たなIT戦略を構築する人材であり,「マーケット・ストラテジスト」「ビジネスモデル・ストラテジスト」「業務プロセス・ストラテジスト」「組込ストラテジスト」「プロセス制御エンジニア」などの職種がある.必要とされるスキルセットは,「経営環境変化についての洞察と新たなビジネスモデル戦略についてのビジョンを描く能力」「EA(エンタープライズアーキテクチャ)等企業活動・個別プロセスをモデル化・構造化する能力」「隣接するプロセス関連知見」「特定の企業における各種データの構造化に関する知見」などがあ

る.

　ソリューション系人材は，信頼性・生産性の高いシステムを構築し，その安定的な運用を実現する人材であり，「システムアーキテクト」「プロジェクトマネージャ」「テクニカルスペシャリスト」「サービスマネージャ」などの職種がある．必要とされるスキルセットは，「ITの構造変化についての知見」「特定の開発モデル・手法についての知見・習熟」「特定のITソリューション戦略についてハード，ソフト，ネットワークの最適組合せの構築能力」「プロジェクトマネジメント能力（資源配分についての統率能力）」「各種のエンジニアリング能力（見積，品質等）」「コミュニケーション能力」「グローバルなIT資源調達能力」「個別のリスク要因についての知見，対処の知見」「コスト分析能力」などがある．

　クリエーション系人材は，ITを最大限に活用して，知識創造革命，活力ある安心な未来社会の実現など，新たなソリューションや製品をつくり出す人材であり，「クリエータ・開発者」などの職種がある．必要とされるスキルセットは，「ITアーキテクチャ革命の方向性についてのビジョン」「開発言語，開発環境，開発プロセス等メタレベルのIT概念の構想能力」「OS，データベース，ネットワークに関する基本要素技術の知見」などがある．

【注】
1）アクティビティとは相関するタスクの集合体であり，プロセスの構成要素をいう．
2）アーキテクトはシステムの最適なアークテクチャ（構造）を解く職種．
3）組込みとは，電子機器に特定の機能を実現するために組み込まれたソフトウェアの総称であり，エンベデットシステムともいう．

索　引

あ　行

IT　187
IT 人材　196, 199, 200
IT スキル　193, 194
IT スペシャリスト　192
アクティビティ　190, 202
アセスメントセンター方式　69
安定成長期　27
育児休業　94, 95
意思決定　55
医療事務　180, 181
インターネット（ネット）　155
インターンシップ　148
営利企業　176, 177
M 字型カーブ　91
OJT　167, 196

か　行

介護従事者　177, 179
介護保険　171-173, 175, 178, 181
介護保険給付費　174
開放経済体制　26
家族従業者　29
学校名不問採用　116
環境設定　77
官製市場　171
官僚制組織　45-47, 63
官僚制組織の逆機能　48, 49
企業環境　109, 110
企業（職場）コミュニティ　35
企業組織　110
企業と個人の関係　118

企業の社会的責任（CSR）　145, 163
企業風土　120
技術的能率　48
基本戦略系人材　201
キャリア・アップ制度　185
キャリアイメージ　101, 102
キャリア形成　90
キャリアコーチ制度　134
キャリアプラン　133
キャリア採用　117
教育制度　151
協業労働　7
業績考課　71
共同生活体　36
近代的な企業組織　50
金融危機　108
クリエーション系人材　202
グローバル化　24
クロスファンクション　127
経営環境　59, 82
経営方針　111
経営理念　111, 181
経済成長率　25
交換性向　7
合計特殊出生率　99
広告キャンペーン　132
広告収入　157
行動観察評定尺度　74
行動基準評定尺度　74
高度経済成長　25, 26, 36
コミュニケーション能力　168, 169

雇用形態の多様化　38
雇用者　29
雇用調整　37
雇用保障　37
個を生かす人事　116
コンサルタント　191
コンテンツ　158, 159, 165
コンピテンシー　83, 132, 197, 201
コンプライアンス（法令遵守）163

　　　　　さ　行

サービス職業　34
採用活動　148
サプライチェーンマネジメント　143
産業構造　30, 31
さん付け運動　58
自愛心　8
自営業主　29
資格登用制度　150
事業会社　146
自己アイデンティティ　137
自己申告制度　117, 149, 151
仕事　6
自己発信力　136
社会人基礎力　147, 148
社会的使命　20, 143
社会福祉　177
社会保障　172
社内研修　185
社内公募制度　151
社内募集　116
就業形態の多様化　14
従業上の地位　29

柔構造化　56
終身雇用　38
集団主義　36
集団主義的組織運営　51
情意（態度）考課　71
生涯賃金　98
昇進昇格　69
消費者代位機能　144
情報技術者　191, 194, 201
情報システム　189, 190
初期配属　149
処遇・報酬制度の変化　39
職業キャリア　89, 91, 98
職業構造　32, 34
職業選択　17, 99, 100
職業能力　102, 103
職業　2, 6, 10, 11
職能資格制度　40, 82, 152
職務遂行能力　39, 82
職務誠実義務　47
職務等級制度　153
女性の幹部登用　185
新規学卒者　147
人財開発　132
人材配置　69
人材評価　68, 87
人材マネジメント　67
人事異動　150
人事開発　115
人事考課　67, 71, 85, 86
人事コース　147
新時代の「日本的経営」　16
新自由主義　17
人事労務管理施策　35
神聖化の過程　49
人的資源管理　42, 167, 185

人的資本　30
新入社員教育　196
スミス，A.　7
成果主義　84
成果定義　75
正規雇用　37
生体機能的な組織運営　60
製品開発　120
世界同時不況　29, 43, 141, 142
石油危機　27
絶対評価　78
説得性向　7
セルフ・マネジメント　60
専門職制度　118
早期離職　104, 105
相対評価　78
疎外　12, 13
組織改革　52, 55, 57
組織と個人の統合　43
ソフトウェア開発　189, 191
ソリューション系人材　202

た　行

第1次産業　30
大企業病　52, 55, 63
第3次産業　30
大衆消費社会　140
第2次産業　30, 32
脱工業化　31, 32, 34
多様性（ダイバーシティー）　135, 136
男女雇用機会均等法　92
断絶の時代　23
知識　24
長期安定雇用　37, 38
長時間労働　198

著作権　159, 160
賃金格差　93, 94
通年採用　117
ディーセント・ワーク　20, 21
低成長　27, 140
デジタル化　156, 157
デュルケム，E.　10
テレビ広告　162
テンニエス，F.　12
電話相談　118
道徳感情　8
トランスペアレンシー　129

な　行

内部構造の大くぐり化　56
日本型雇用システム　35, 37, 42
日本の経営組織　51
人間関係の非人格化　49
ネット広告　162
年功　39, 40
年俸制　117
能力開発　70
能力考課　71
能力主義　39, 41, 81-83

は　行

派遣切り　16
働く目的　2-5
発揮能力　83
バブル景気　27
番組制作　164
比較法　72
ビジネスモデル　160, 183
非正規雇用　37, 43
評価制度　197
評定誤差　80

フラット化　52-54, 56
ブランド・スローガン　182
ブランドアイデンティティ　130
ブランドコミュニケーション
　129
プロジェクト・チーム　53, 58,
　61, 62, 64
プロジェクトマネージャ　192
プロジェクトマネジメント　191
プロデューサー　159, 164, 169
プロフェッション　10
分業　7
ヘルシーコンフリクト　129
訪問介護　173, 174, 178
法令遵守　163, 175
ポジティブ・アクション　95, 96
保有能力　83
ホワイトカラー　33

ま 行

マトリックス組織　128
マネジメント体制　145, 146
マネジメント・レベル　198, 199
マルクス, K.　12
メンター制度　152
目標管理制度　41, 73, 149, 197

目標の転移　48
持株会社　146
問題をつくれる能力　124

や 行

要素別評定法　71
欲求段階説　18

ら 行

ライフサイクル　97
ラーニングセンター　134
利益　144
リストラクチャリング　28
流通革命　140
流通コストの削減　143
労働　6, 9, 11
労働時間の適正化　197, 198
労働市場の柔軟化　17
労働者派遣法　17
労働の細分化　11
論述法　73

わ 行

ワークプランレポート　167
ワーク・ライフ・バランス　97
ワールド・エコノミー　24

編者紹介

時井　聰（ときい　さとし）
1954年　生まれ
1987年　中央大学大学院文学研究科社会学専攻・博士後期課程満期退学
現　職　淑徳大学教授
主　著　『専門職論再考』（単著, 学文社, 2002）
　　　　『変わる組織と職業生活』（共著, 2003）

田島　博実（たじま　ひろみ）
1958年　生まれ
1983年　中央大学大学院文学研究科社会学専攻・博士前期課程修了
現　職　雇用職業研究センター主任研究員
主　著　『変わる組織と職業生活』（共編著, 学文社, 2003）
　　　　『欲望社会』（社会病理学講座2）（共編著, 学文社, 2003）
　　　　『ものづくり中小企業の人材確保戦略』（共著, 同友館, 2008）

シリーズ　職業とライフスタイル　2
現代の企業組織と人間　　2009年10月15日　第一版第一刷発行

編著者　時井　聰・田島博実 ©
発行所　㈱　学　文　社
発行者　田　中　千津子
　　　　東京都目黒区下目黒3-6-1 〒153-0064
　　　　http://www.gakubunsha.com
　　　　電話 03(3715)1501　振替 00130-9-98842

落丁, 乱丁本は, 本社にてお取替え致します。
定価は売上カード, カバーに表示してあります。　検印省略
ISBN978-4-7620-2000-1　印刷／㈱亨有堂印刷所
〈転載不許可〉